许倬云
从历史看管理

增补
纪念版

[美] 许倬云 著

从历史看人物

FIGURES FROM THE VIEW OF HISTORY

SPM 南方传媒 广东人民出版社
·广州·

图书在版编目（CIP）数据
从历史看人物 /（美）许倬云著 . -- 广州 ：广东人民出版社，2025. 3 (2026. 3 重印). -- ISBN 978-7-218-18162-2
Ⅰ. K820.2
中国国家版本馆 CIP 数据核字第 202490ZV32 号

CONG LISHI KAN RENWU
从 历 史 看 人 物
［美］许倬云 著

出 版 人：肖风华

统筹策划：肖风华
责任编辑：钱飞遥
特约策划：一道光 · 宋厚亮
文字编辑：吴 丹
责任技编：吴彦斌

出版发行：广东人民出版社
地 址：广州市越秀区大沙头四马路10号（邮政编码：510199）
电 话：（020）85716809（总编室）
传 真：（020）83289585
网 址：https://www.gdpph.com
印 刷：广东鹏腾宇文化创新有限公司
开 本：890 mm × 1240 mm 1/32
印 张：7.25 **字 数：**130千
版 次：2025年3月第1版
印 次：2026年3月第2次印刷
定 价：68.00元

总序

寻找中国的企业家精神

这一套书，撰写的目的，就是针对中国的企业家，提出中国管理学、经营学的观念。我意不在为中国的文化张目，而是对中国传统的经营学、管理学发展的来龙去脉有所交代。三十年前，在撰写过程中，台湾地区的经济正在起飞，当时洪建全教育文化基金会的主持人简静惠女士，约我对那些企业家做一系列的谈话，分析中国几千年来企业界如何处理自己的问题。

开宗明义，我必须先做解释：这几本书涉及的资料，几乎都在政府组织的范畴，我引用这些材料，意在讨论企业界面临的课题。管理类似治国，而不是治国；经营类似作战，而又不是作战。管理，乃编组由专业人才组成的工作团队，俾得有效的经营；经营，乃取得必须具备的信息，了解其反映的意义，驾驭形势，有效运用资源，获得最大的合理利润。管理异于治国，因为治国求安定，而企业的团队，则必须能发挥高度机动性；经营异于作战，因为作战目的在克敌制胜，而经营的目的却在赢得最大可能的同业合作和协助，开拓最多的客户与市场，博取最大盈利。经营，必须以内外"和"谐为贵，不在克"敌"求胜。经营之道，最需顺应形势，避免逆势，以致劳而无功。盼望读者朋友们体会这些观念，从这几本拙著中撷取内涵，其运用之道则在乎一心。其实，本篇序文陈述的内容，也大多是在历史上出现过，有利于当今企业发展的情势，以及中国传统企业界长期尊敬持守的行为规范。我的讨论，既不是深文高调，更不是"武林秘籍"，只是一些平常见识而已。

长久以来，学者们都以为世界的管理学和经营学是以地中海周边为起源，发展形成了一套特殊制度。欧美挟其工业革命和资本主义经济发展的威风，席卷世界市场，于是，大家以为它们那一套管理学和经营学，乃是最先进也是最完备的。然而，从历史追溯发展的途径，这一套管理学和经营学，自17世纪以后，本身经历了许多变化，现代资本主义市场经济的企业，并不是落地就拥有完美的制度。再从别处历史来看，在中世纪晚期，迄于西方力量压过伊斯兰教时，伊斯兰世界也曾拥有强大的经济实力，其商业版图笼罩地中海到印度洋，以及大半个欧亚大陆。

再从比较近代的历史来看，日本资本主义市场经济的发展，是在19世纪后期才突飞猛进的。一方面，他们从欧美学习近代企业文化；另一方面，日本的企业界也拥有一些自己的发展特色。以其中著名的案例言之，松下系统——这个庞大的企业集团，其本身的管理精神，就是将中国的儒家阳明学与佛家禅宗的精神结合，转型为松下的管理方式。他们有一个“松下塾”，经常在此机构训练自己的干部。

中国的企业发展，有两千多年的历史。在春秋时代，五霸之首齐国进行整体的改革，将封建制的管理转化为在国家体系下的专业管理。《管子》这部书，不一定是管子自己撰述的，可能是由不同的学者，将齐国发展的历程和后来的主要特色总结集合而成的。齐国的那段经验，是在庄园经济以外开拓了市场经济（原文如此。指相对自由的商品化经济——编者注），这使得齐国的国力不是仅仅立足于土地的农业生产，而是以其国民相当部分力量投入专业的生产，例如海产和盐业，以外销换取利润，支撑诸侯国的整体发展。

战国时代，列国纷争中，诸国都想要尽可能发展自己的实力，仅仅依仗土地的收入是不够的。而且因为列国本身不断开拓疆土，也开发非农资源，以此转化为财富，用来维持国家继续发展，俾得本国在列国竞争之中争取有利的地位。这些国家，是在列国体制之下发展“国际交易”。在中国广大经济网内，列国之间既有竞争，也彼此依靠，这其实和十八九世纪以后，欧美世界领导的资本主义发展形态颇有类似之处。

战国以后，秦代以及汉初，从《史记·货殖列传》和《汉书·食货志》可以看到，以城市为基础的作坊生产、运输业和零售业，都已有相当规模。活泼的经济和都市化，两者之间有惊人的关联性。举例言之，以零售熟食为业的商人，竟富可敌国，宛若今日的麦当劳。

中国经济在汉代以后，有一个长期的停滞，市场经济转化为实物经济。唐、宋时期，中国才有经济领域的巨大变化：货币代替实物，又成为交易的主要媒介。在唐代大帝国的安定环境之下，地区间的贸易交流获得强大的活力。举例言之，这个时期，为了国内货物的交流，国家设立了专门监督和管理资源流通的转运使。宋代经济特色，乃是有一些专业的榷场与作坊。这些榷场和作坊一部分是国家的专利，一部分是由国家掌管相当部分的经营，生产的货物包括钢铁、瓷器、五金用具、茶、酒类等。这些国营或半国营的企业，拥有一批专业的管理人员和技术人员。据我一位老同学郝若贝（Robert Hartwell，美国著名汉学家、历史学家）从《宋会要辑稿》中统计，当时中国的钢铁产量超过全世界总产量的一半。宋代，尤其是南宋时期，其海外贸易的收入支撑了半壁江山，居然使南宋富足繁荣百余年。这些国营企业和半官营的海上贸易，都具有利用专才的特色，其专业的知识和能力不是一般商业可以提供的。

明清时代，尤其是16世纪以后，美洲的白银流入中国，中国地区的经济，正如欧洲经济一样，因为以白银作为货币，出现所谓“价格革命”的现象，刺激经济快速发展。虽然欧洲人，尤其是西班牙、葡萄牙、荷兰、英国的人，前后掠夺美洲财富，成为最大的赢家，中国却吸收了美洲白银相当大的一部分，扩大了内需市场的规模。

明初永乐年间，郑和六次下西洋的大局，实际上已经将中国与印度洋之间的海陆交通连接成为海上的康庄大道。但永乐以后，中国采取闭关政策，不再有官方主持的海上贸易。那些“海商集团”，乃是沿海居民自己发展的私下贸易，将中国的商货转贩给欧洲商船。当时，其实已有相当数量居住在海外的中国商人，建立了国际贸易的基地，但是明廷并不鼓励，而且还将这些商人视同海寇，加以惩罚。虽然形势如此诡异，中国的企业界还是有相当程度的肆应之道。那些“海商集团”挟其白银收入，在各处设立收购商货的据点，将货物转运到港口，然后与西方商舶交易。仅白银和官方发行的铜币二者间的兑换，就是相当复杂的经济行为。在这种情况下，明代后半期出现了许多长袖善舞的大商人，他们以政府无法管制的贵金属，兑换官方发行的铜币取得厚利，再从货物的收购和转运之中一层一层地获取利润。

明代商人，以汪道昆为例，交游广阔，其经营企业的范围跨越不同行业。很多商人也都受过相当好的教育，在从事企业经营的过程之中，他们将儒家的人际关系和彼此尊重等理念灌注于企业经营的过程。明清两代，安徽的典当铺和钱庄、山西的票号，许多都是跨越数百年的大企业。除了这种以货币兑换和汇兑为专业的金融业，清代还出现了一些老字号，各自在其专业的范围之内发展规模庞大的企业。例如，丝绸布料的商号“瑞蚨祥”、制药业的“同仁堂”和几家山西的著名票号，如“日升昌”等，它们专注于经营一种事业，可是分号遍布全国。那些零售业的大商家定下的货品标准和价格，包括收购原料、产品的价格以及零售的价格，都有全国同行追随。同一行企业设立统一标准的现象，并不受政府的约束，而是由市场本身的调节得以确认和肯定的。市场经济本身的规律，可以说已经相当现代化。山西票号和安徽的钱庄，灵活地运用不同地区间的汇兑差额，以及货币的充盈或不足，将其转化为采购货物、转运、零售的机制。它们也参与国际贸易，比如北路茶叶的外销，其终点是东欧与北欧。由于票号是专家经营，世世代代通过学徒制度训练自己的职员，这些国际贸易的经验才能够达到如此高的标准。

这些“儒商精神”，在企业内表现为重视从业人员本身的企业道德，职员忠于企业，企业照顾职员的终生。它们也注重严格的考绩，以决定奖惩。它们的企业精神以“同仁堂”为典型，“同仁堂”标榜“修合无人见，存心有天知”，以自我警戒的敬业精神，坚持专业制药的水平。这些大商家都拥有庞大的财力，它们会尽力扶助中盘和各处的零售同业，编织一个同业之间的巨大网络。在网络内，同业之间遵守同样的企业精神，保证诚信和服务质量。企业界与政府之间也有互动关系。例如，清代中叶以后，凡有国家大事，都有这些大商家接下挹注的任务。江浙的商号“胡庆余堂”的主持人是“红顶商人”胡雪岩，他就曾经承担左宗棠大军的后勤业务。

清代晚期，国家把在各处征收的税收汇集到中央，再由中央分散到地方，支付全国政务费用。这一工作并不经由类似中央银行的机构处理，而常常由这些大商号执行。官商之间的关系并不是私人利益的结合，而是商家在合理的利润之下替政府完成转运的工作。这些大商家通常都会担起地方社会福利的任务，救苦济贫也是从自己的小区开始，同业之间，他们对需要帮助的同业人员，通常给予必要的援助。

中国式的儒商精神，其实比韦伯所谓的“新教伦理”并不逊色，反而更多一些人情味。这种儒商精神并不立足于对上帝的敬畏，而是建立在人对自己良心负责之上。

自19世纪末期五口通商以后，中国一步步卷入世界经济圈。今日所谓全球化的经济，其实不是20世纪突发的现象，而是自古以来逐步产生的长程演变。在最近这一个半世纪内，中国卷入世界经济。20世纪的前半段，以沿海几个大商铺为中心，中国传统的企业家与归国留学生，以及外商的买办，彼此观摩合作，逐渐形成中国式的现代企业伦理。以我自己比较熟悉的现象为例：我的故乡无锡，是中国近代纺织业与面粉业的中心。有几家无锡的企业，虽然以上海作为发展中心，但它们的分厂和分店却遍设全国。山东、湖北的企业家在发展同样的企业时，往往从无锡的同业间借才，聘用无锡的专业人员，建设他们自己的工厂。无锡荣家的起家，是由于他们能灵活使用无锡当地的“仓厅业”（米市的存积）和加工蚕丝的茧行，将本来可能闲置的资金用于开展新的机器工业。他们将学徒制度和专业的学校训练合并为一，培养了一大批有用的干部。这些地方的从业人员有一定的家庭背景，由于家庭之间彼此监督和观摩，荣家企业的干部必须遵守一定的行为规范。他们自己从业的精神以诚信为主，求利反而在其次。他们也知道怎么利用广大的人脉编组信息网，收集世界和国内的商情和市价，企业总部得以借此决定筹划长远规划和近期的政策。20世纪前半段，中国现代化的企业已经具有自己的经营特色。上海、广州、天津的华商，其经营的层级和效率都达到了世界级的水准，无须从西方学习"现代企业管理方法"。

中国现代企业的发展，自1949年以后，也划分出两条路径。台湾地区从20世纪70年代开始经济起飞，其实依仗的并不是从西方学习的经验，而是当地企业家的长期探索。一方面延续20世纪前半段在沿海商业都市发展过程中积累的经验；另一方面，台湾地区的企业界也学习日据时期日本发展现代企业的精神。二者彼此扶掖，台湾地区才能够在不到二十年的时间内迅速地完成企业的现代化。这也使得台湾地区的经济跻身于世界经济的前列。中国大陆的经济，在过去半个世纪，经历了一些波折和探索，逐渐回到市场经济应有的经营方式。今天，中国大陆经济快速发展，也取得了傲人的成绩。无可讳言，在这段发展历程中，政府的主导是重要的因素。同时，最近这二三十年来，民间自动自发经营，已经逐渐建设出一定规模的民营企业。

在这个时期，世界经济也发生了很大的转变。一方面，由于科技发展，人们开发了许多新的资源，也发明了许多新的技术，以生产新的产品；另一方面，因应全球化的需求，信息的流动促进了物资和资金之间的流动。凡此都是全新的现象，中国企业界，尤其是民营企业家这个群体，在这方面学习的速度颇为惊人。我们可以瞻见的前途是，世界的大企业，将逐渐从“一条龙”式的经营切割为分段的转包，如此形式将有利于每一个经营的环节。会有许多专业团队，在信息流动的条件下，参与物流和全球经济的不断重组。这一趋向和中国唐、宋以后出现的现象，其实相当类似。

前述明清时代大商家的经营，同行之间的互济和一层层的分包，都是常见的现象。以当时信息流通的条件，它们尽其所能，快速地将信息传递到有关单位。它们分担风险的方式，因为同行之间的互助以及跨行企业的合作，实际上也已具有共同保险的形式和精神。以上这些发展，与中国自己过去长程发展的传统相吻合，今后，大概可以很容易地蜕变为中国式的经营方式，有望在世界的企业文化中独树一帜。

我们尤须注意：中国过去建立了良好的信誉，直至20世纪的上半叶，中国商人的商誉乃是世界著名的。中国企业内部的协调和互助，以及企业与雇员之间的关系，也是出名地和谐。但在利润驱使下，某些企业只注重短期经济效益，或使用次级原料，或在制造过程中偷工减料，使得“中国制造”形象受损。中国企业界中的某些人应为此汗颜。中国品牌在全球舞台上已取得了显著成就，如何重塑“中国制造”的价值，就看中国的企业家能不能从过去汲取经验，重塑“对得起良心”的人本精神。

这几本书合在一起，写作完成距今已经二十多年了，而当时的读者对象是台湾地区的企业界。此次在中国大陆重新出版，正当中国的企业要迈开大步向前发展的阶段，谨以这篇序文，诚恳地陈述我对于中国企业界的期盼。正因为爱之深，才言之切，国人当能谅解海外中国老人的苦衷。

许倬云序于美国匹兹堡
2016年7月7日那一个不能忘记的日期

前言

愿有多高，力就有多大

这本书包括两个部分，一个部分谈人物，另一个部分谈人生价值，看起来好像不相关，其实有一定的关系。

人物的行为是由他们自己认定的生命价值决定的，生命价值如何，他们就如何做。许多失败的人能百折不回，是因为有一个理念在推动他，即使冒诸多失败的危险，历尽千辛万苦，他还是会一直去做。

我们讨论的“历史上的改革者”，绝大部分是失败的人物，包括王莽在内。但他们的理念，却是在为天地立心，为生民立命，为往圣继绝学，为万世开太平。纵使某些人的性格不受欣赏，但他们的抱负和期许，在于看不惯苍生受苦，想要为老百姓解决困难，因此也会选择从古圣先贤的作品中找到为人民解决问题的方法。那些改革者历尽千辛万苦，甘冒失败的危险，就是要实现他们改革的理念，从商鞅以至康有为，几乎每一个改革者都有不幸的遭遇，但为什么他们要如此做呢？他们就是根据自己的人生价值来做这些事的。

举王安石的例子来说，王安石的性格非常偏执、自傲，不受大家喜爱，也不愿意与人合作，但是他有理想，他看不下世界的苦难，不能忍受苍生受苦，所以决定要一肩担下这救赎的责任，秉持着范仲淹“先天下之忧而忧，后天下之乐而乐”的理念。所以他念书，是为古代的经籍做新的注解，他认为要继承孔子所要做的，把理想的世界带到人间，所以认为“天命不足畏，祖宗不足法，人言不足恤”，只要自己认为是对的，就会勇往直前。

而康有为、梁启超，乃至于戊戌变法的六君子，也都是如此。像谭嗣同，他的《仁学》是为了人间要有爱，人间要有善。他摩顶放踵，等于是菩萨般的人物，为了革命，牺牲自己的生命。他的革命着重点是在改革，而不是在武装。所以这一群人，秉持着追寻人生价值的理念，担起拯救天下的责任，为苍生创造一个更好的社会。

再看“历史人物的成败”。在那些不同的历史人物当中，为什么有人一辈子事业是失败的，可是我们却要纪念他们，譬如李广、岳飞？原因在于他们对人有诚有信，对朋友有忠有义，他们虽然事业失败了，但他们的品格留下来成为楷模，还是万古流芳。我在文章里批评他们，认为他们在自己的专业部分都有失误的地方，像李广就不是个真正的将领，他的孙子李陵，也同样只是一个好的战士，而不是个好的将领。但因为他们个人的品格，以诚、以信、以和、以义，所以李陵当时的朋友，例如司马迁，宁可自己受宫刑，也要帮他仗义执言，甚至当时很多人都要出来为他说话。而在李广的时代，更不知道有多少人为他抱屈，就是因为李广的品格过人，所以虽然他的事业是失败的，但当时的人依然纪念他，后代的人也拿他当楷模。

精忠报国的岳飞，我说他朱仙镇那一仗，不见得是很重要的战役，但十二道金牌召他回来，让他死于风波亭。他个人人格的感召力，使他的将领愿意为他死，岳飞死了以后，他军队里的将领一个个退下来，有的辞职，有的就此不过问政事。这都是因为他的人格得到人民的爱戴，得到万世的纪念。人生价值之所在，就是要做该做的事，不管后果如何且留下榜样，所以这些人能得到世人的佩服。

又例如苏轼和辛弃疾，他们对人非常热诚、和善，都不是为自己不幸的遭遇，而是为国家的兴亡、人间的不平、人生的无常而感慨，他们那些动人的诗句，没有悲叹自己的命运，而是悲叹万民百姓、宇宙众生，这也是他们真正成功的原因。他们的成功不在于功名利禄的成功，而是人格上的成功。

所以虽然从第五章开始讲的是人生价值，但其实前后两部分是环环相扣的，历史人物的所作所为都是他们人生价值的体现和实践。本书的最后一章讲的是“心”，任何价值都有一个“心”字。我可以直陈，人在世间，不管别人怎么判断，成功或失败，贫穷或富贵，都没有关系，要看他到底是为人还是为己，为善还是为恶，是为了做好事情还是只为了个人私欲，这就是人生价值很大的差别。

王导虽然不经意地促成了江南近三百年的稳定，但是后人并不怎么尊敬他，因为他不像诸葛亮那样鞠躬尽瘁、死而后已，为后世立下楷模。这个楷模就是人的成功。就像诸葛亮对刘备的承诺，为了这个承诺，诸葛亮将一生心血都耗在辅佐刘家的事业上。

另外，我也提到关公，为什么现在的庙宇很多是祭祀他的呢？关公一生的事业是失败的，他最后的下场是身首异处。作为一位将军，他是失败的，但是他以忠义传世，所以所有的关帝庙都有着“忠义千秋”四个字的匾额，这就是关公的人生价值。事业失败了，却立下了忠义原则，这是千古以来朋友间最重要的原则。“忠”不是忠于主子，而是忠于自己的承诺；“义”是对朋友的义气。两者都是中国人的人生价值中很重要的部分。

了解了这些，就可以理解这本书虽然前后看起来不相容，但其实是一致的，都是用人来彰显这些价值的。

在讲人物的部分，我对每一个人物都有相当严格的评论。对历史人物，我们要对他的一生做全面的评价，他做得好时，我们要说好；他做得失败的地方，我们也不要回避。我对他们的品格、所秉持的理念、所代表的理想，都非常钦佩。我盼望未来也能有很多人为祖国、为人类秉持高尚的人生原则，而不要只为了一己私利。

目录

CONTENTS

第二章

历史人物的成败 027

第三章

创业帝王 069

第一章

历史上的改革者

每个人都受到时代与环境条件的约束，很难跳脱出来，我们应该去理解他们的环境，同情他们，并从他们身上检讨学习：如果今天我们有同样的需求，处于类似的状况，能不能因为从他们身上吸取了一些教训，从而做得更好一点？

近几年，大家对历史人物兴趣大增。电视剧里，皇帝一个接一个，仿佛穿了古装就代表了历史，这让我们学历史的人总觉得不大对。因为历史人物很多，不只是那些皇帝、公主，而且，很多编剧把现代人的思维套到这些历史人物的形象里头，未必合于历史研究的学术标准。

我认为对历史的评断，有两个态度很重要。一个是时时心存宽恕，设身处地，想一想如果把自己摆在那个历史人物的位置上，又会如何，能不能做得比他更好一点。抱着这个态度来评断，总会公允些，倒不必用挑剔的态度去苛责什么人做得好，什么人做得差。

另一个是避免抱着非黑即白的态度，搞一刀切。因为天下没有一个人完全是功，也没有一个人全然是过，每个人都受到时代与环境条件的约束，很难跳脱出来，这使得人虽然常有把事情做好的心，但往往会失败。面对这种人，我们应该去理解他们的环境，同情他们，并从他们身上检讨学习：如果今天我们有同样的需求，处于类似的状况，能不能因为从他们身上吸取了一些教训，从而做得更好一点?

所以，我不从成败来展开讨论，而从改革来切入。我们或许可以从历史来着眼、来借镜，以改革者的角度来讨论这中间许多人的功过，以寻找缓解改革阵痛的方法。

吴起：心思细腻，不念私情

> 吴起（？—前381），战国时代著名的兵家、改革家。卫国人，受业于曾子门下。在军事上与孙子齐名，治兵有术，长于战略，又勇于改革，曾得鲁国国君赏识，旋受魏文侯重用，后在楚国担任令尹（宰相）实行变法。

吴起的下场和我们接下来要谈的商鞅差不多，他是在战国时代的楚国进行改革，结果却在楚悼王死后，被贵族群起报复而死。

在古代，改革旧制、推行新法等措施往往损及旧贵族的既得利益，使其丧失地位权力，而新君登基之前，新君及其人马也多与改革者相冲突。所以，在古代，新王与旧贵族这两者的利害常常相连，受到损害是一定要复仇的。秦国对付商鞅，是旧贵族和新君联手的，吴起的命运近似如此。不过，吴起知道旧贵族要找他报仇，劫数难逃，于是就跑到老国王的尸首那儿，抱着老国王的尸首，乱箭射过来，射到他身上，也射到老国王的尸首上。后来，他的敌人也因伤害王尸被诛，有七十多家被牵连。

改革既然损及既得利益者，那么改革者本人往往也要偿付很大的代价。商鞅本身的性格我们不知道，因为记录并不完整。虽然有一本书叫《商君书》，但不是商鞅写的，而是后人拼凑起来的，而且写的是改革的种种计划，看不出他的性格如何。但是吴起的性格在文献中就很清楚，他这个人为了自己的事业，一心一意，坚持到底，不达目的决不罢休。也因为这样的性格，连母亲去世，他都不回家，甚至为了取得国君信任，他居然杀掉妻子，以求得一个将领的位置。商鞅很可能也是如此，所以他当时处罚太子，才会那么不讲情面。

从吴起的例子我们可以看出，改革者一定要有相当的毅力，这些人都很能干，对当时的情势有一定的判断。他们心里一定很清楚，有多少人的利益会受到损害，这些利益受损的人，将来是会报仇的，而那些人又并非没地位、没力量的人，但他们却还愿意冒这种险，坚持改革的信念。

商鞅：组织再造，贯彻执行力

商鞅（约前390—前338），原名公孙鞅，战国中期著名的政治家、军事家，也是法家的重要代表人物。因功而封于商，所以后人称他为商鞅或商君。他是卫国国君的后裔，于是也叫卫鞅。商鞅在秦孝公时代佐君达19年，实行变法，成绩卓著。秦孝公死后，商鞅被诬谋反，死后被车裂。

商鞅在这个系列里不是重要的人物，但他的结局非常戏剧化。

商鞅还是个年轻学者的时候，就有很多人看好他。他的老师公孙痤是魏国的宰相，非常赏识他的才具和学识，认为他将来必会有大用，就跟魏国国君说，应该用卫鞅来改革魏国。但是魏国国君认为卫鞅太年轻了，不值得信任，而不想用他。没想到公孙宰相心一横说，如果不用卫鞅，还不如杀了他，免得他为其他国家所用。公孙宰相回头又告诉卫鞅这件事，叫他快点逃命。卫鞅却说，魏国国君既然没有眼力重用他，自然也不会杀他。直到公孙痤死后，秦国招揽贤士时他才离开魏国。

战国时代有十几个国家，其中有七国比较强大，史称“战国七雄”。当时列国竞争激烈，诸侯都想尽方法，充分调动资源，运用力量，来拓展本国版图与政治势力。

春秋战国时代离实行分封制度的时代不远。分封制度就是派给一个诸侯一个地方，而诸侯王除了收税，并不管地方上的事。这种制度在资源调度上并不会很有效，中央拿到的资源并不多，也不能迅速动员。当时，讨论改革的不止商鞅一人，许多人都想改革政治制度，让它运作得更有效率。其实，战国时代改革的速度与深度，并不亚于欧洲19世纪如俾斯麦在德国之类的改革，甚至有过之而无不及。最后，战国时代这些诸侯国的改革者互相学习，为他们累积成果，也为未来帝国体制的创建打下了基础。

总而言之，这一套帝国管理制度在商鞅主政的秦孝公时代只是初试而已，到了秦始皇大一统之后才日趋成熟。商鞅做起事来，所有的人情摆一边。分封不能看情面，要有法律和制度的规范。也就是说，商鞅重法，而且重数字，一切都要有数据评估，账面上清清楚楚。另外，他也重视户籍，把每个户籍列得仔仔细细。如此一来，原本各地的领主必须把领土分出来，散置各地的聚落也被加以整并，形成一套有层级、有监督的行政制度。

为了有效实施这套制度，他必须在开始实施前有一个实践机会，于是他在太子身上树立威信。

当时王宫前有一条御道是国君才能走的，结果太子驾车经过，商鞅说必须惩罚，但因为不能杀太子，于是杀了驾车的人。其后，太子又犯错，商鞅便处罚了他的老师。太子对这几件事非常愤怒，即位之后，就找了个罪名处罚商鞅。虽然商鞅逃走了，却在投宿时，因为没有身份证明被送官法办，最后死在自己制定的法令之下，落得车裂的悲惨下场。

当时的中国，许多人都想改革，有的重视管理制度，有的注重用人，有的注重策略，而商鞅则重法。虽然他使秦国国力强盛，奠定了秦国大一统的基础，但自己的下场却相当悲惨。

王莽：缺乏方法的理想主义者

王莽（前45—23），字巨君，汉元帝皇后王政君的侄子。西汉末，凭借外戚掌握政权，后来毒死了汉平帝，立年仅两岁的孺子婴为帝，自己则称假皇帝和摄皇帝。公元8年正式称帝，改国号为“新”。统治期间进行改制，企图缓和当时严重的社会危机，结果事与愿违。公元17年爆发了全国性的农民大起义；公元23年，绿林军攻入长安，王莽在混乱中为商人杜吴所杀。

传统史学讲求正统性，从这个角度来看，王莽算是恶人，因为他篡了位。虽然我并不谅解王莽的行为，但我要替他做个小小的翻案。

王莽出生的时代，帝国制度还没有定型为传统。汉朝代替了秦朝，大家就说朝代是轮换的。改朝换代，没有一个姓氏能永远治理天下，哪一个朝代做不好，就被另外一个朝代取代，颇有政党轮替的味道，而且还排好金木水火土的顺序。所以当时第一个辩论的是，汉是土德还是水德，以此解释汉朝到底有没有资格代替秦朝。秦朝已经说了自己是水德，如果承认秦朝的正统地位，那么汉朝就是土德，土克水嘛；要是不承认秦朝的正统地位，那么汉朝就直接继承周王朝，当是水德。为什么大家会那么看重哪个朝代是五行中的哪一项呢？因为没有一个王朝能永远维持下去，汉朝一开始就有阴阳五行思想的辩论。

第二个辩论则是，一个王朝的统治要有一定的条件，如果做不好就要换，但政权并不是通过选举来更替，而是视“天命之所归”。天命是什么呢？就是老天爷要不要换皇帝，如何换，老天爷自会降下许多祥瑞或灾异。地震、日食等各种灾异，都是对皇帝做得不好的警讯。

其实天灾是常常有的，但儒生以“天人感应”这类的说法来指责皇帝，他们的目的就是警告皇帝，免得皇帝常觉得自己做得很好。汉朝的儒生搞出这套哲学，意即天命是会变的，天命变了就要换新朝代来治理天下。这样的说法说了一百年，后来连汉武帝都相信，所以他每隔四年就换一个年号，代表重新开始，是一个新的“朝代”。

汉朝当时谶纬禅让之说盛行，确实觉得皇帝该换了，如“汉历中衰，当更受命”这样的说法层出不穷，王莽就加以利用，而将新的王朝称为“新”。所以改朝换代的理念，王莽是一本正经相信的。他是汉朝那些外戚中难得的有学问的人。当时中国有所“国立大学”叫作“太学”，是世界最早的国立大学，王莽正是太学学生。而王莽能得到地位，是因为皇太后是王家的女儿，他是皇太后的侄子，皇亲贵戚，地位优越。

起初，他在做宰相的时候，大家都称赞他有学问、有礼貌，思虑也很周密，所以后来有句诗是：“周公恐惧流言日，王莽谦恭未篡时。”就是说，当时如果他在礼贤下士时死掉，大家会说他是一个好人，但等到他篡了位，就变成大坏人了。可见，要评断一个人是很不容易的。

但是，他篡汉称帝之后，当政颁布的政策大半是错的，虽然所实行的政策中有一部分其实是有道理的，例如解放奴隶。汉朝有奴隶，凡是犯了罪的人，就充公做官奴，私人也可以买卖奴隶。不过奴隶不是主要的生产力量，因为当时并不是奴隶社会。王莽说改奴隶为国家次等公民，等到这些人做了若干年的次等公民之后，就可以变回正常的公民。

他也不许有过大的商业利益，做生意不许囤积居奇，不许敲诈，自然资源属于国家，不属于任何个人。树林、水产、盐都属于国家的资源，这些天然的东西不许任何人垄断，是全国人民共有的。这些制度不完全是今日社会主义或社会福利，但至少就当时的环境而言，其用意在求取某种程度的公平。

王莽是书呆子，他认为任何事情只要名字改了，实质也就跟着更改了。他改换了钱币、官制，甚至连邻近的匈奴、日本的国王都被他改了称号。他说天下所有的田地都是王田，就把田地改名为王田，有不许私人垄断的意思。

因此胡适说王莽是中国第一个社会主义者。王莽也相信自己的确有上天的恩赐，有特别的责任，也有特别的权力：责任就是改革天下，权力就是做皇帝。当时改革也有特别的契机：汉朝时没有人觉得某个王朝应该永远存在，若当政者腐败，就应该有新的王朝起来。

他秉持着这样的信仰，而且他的书读得很多，认为社会应有一定的公理和正义，而这必须要在自己的手里完成。但他的失败则来自他以为发个命令出去，事情就做到了，名字改一改，就以为实质也改了，这就是读书人的通病。最好笑的是，绿林军打到长安的时候，他还说自己有天命保护，不必在乎。他做了北斗的模型，自己坐在斗柄，以为有北斗七星保护着他，就可以高枕无忧了。

改革者不能局限在理论里头。商鞅太实际，王莽则太理论。

王安石：一意孤行，过于自信

王安石（1021—1086），字介甫，号半山，北宋政治家、文学家、思想家，“唐宋八大家”之一。仁宗嘉祐三年（1058年）上万言书，主张变法，但未获采纳。至神宗即位才获重用，推行新政。然因改革太急，用人失当，招致司马光为首的保守派反对。晚年退居江宁，封荆国公，有《王文公文集》《临川先生文集》两种。

王安石这个人值得讨论。王安石是宋朝著名的改革者，但范仲淹才是宋朝第一个改革者。宋朝是结束五代十国分裂局面的统一王朝，宋太祖终结了藩镇割据局面。他这个人不太相信别人，重文轻武，把军队国家化，这是他主要的功劳。

唐末，各地的节度使割据，导致后来唐朝分疆裂土。军阀独揽军权、民政权、财政权三项大权，终于尾大不掉，以致国家分裂。宋太祖为了改变这种状况，全国的“路”（相当于现今行政单位“省”）就没有设置地方行政首长。地方权力一条鞭直达朝廷，没有人总其成。这样的好处是不会有军阀割据的情况，坏处就是没有任何一个地方可单独成事。这是高度的中央集权。宋朝的问题是做什么官不做什么事，不做什么官做什么事。这在宋朝叫官差，官是官，差就是差遣。

一方面，宋太祖为了矫正晚唐以来的弊病，弄得宋代官制混乱，所以范仲淹想改革。另一方面，中国当时的对外贸易已经很发达，中东商人贸易贯通东西，中国颇得利益。但是宋朝的皇帝还只是从国家专卖盐、酒、铜的利润中专挖利权，所得有限，主要的收入还是土地税，其次是“国营企业”。所以虽然宋代经济很发达，但国家却常常闹穷。唐朝时中国还产马，到宋朝时，北边一块地被辽国拿走了，中原就不产马了。兵不强，钱不够，管理又一塌糊涂。范仲淹的改革，是想要解救老百姓于痛苦之中，但他没做完。直到王安石得到宋神宗大力支持，宋朝才开始大刀阔斧地改革。

王安石的改革是从经济下手的，他当年就创建了一个“经济建设委员会”，叫作“制置三司条例司”，这是专门管财政预算收支的三个衙门的上级机构。制置三司条例司由宰相亲自掌管，或者是由副宰相兼任，由经济切入改革。他改革田亩制度，发放农民贷款，这被称为“青苗钱”；委托养马，平常让百姓养，等到打仗时再拿出来给国家。这也是读书人的毛病，他不知道马会变老的。

王安石真的想为国家、为老百姓做事情，但这些改革引发的政治斗争绵延了三代皇帝，北宋斗完了不够，到南宋继续斗。改革者和保守者之间，在整个宋朝不断发生矛盾冲突。最后王安石被贬，做了个闲差。

王安石的改革失败了，譬如农民贷款，他以为对农民好，但官府要看成绩，天天在考核，贷出去多表示成绩好，结果农民就算不需要借钱，还是照样被迫贷款，还要付利息，好政策反而变成了农民的负担。送马给百姓养，官府常常看有没有养好，结果也变成负担。百姓付了钱可以不当兵，结果变成本来就不用当兵的人也要付钱。这些制度的立意都是良善的，但是执行欠当，这是官僚制度中求功劳的人执行心切的缘故。

平心而论，王安石这个人不太讲卫生，虱子在胡子上爬，他也不管。王安石个性很孤傲，特别执拗，别人说东他偏说西，别人说西他偏说东，同时又自信得过了头，甚至认为天命没有什么可怕的，人言也没有什么可听的，祖宗更没有什么值得效仿的。天命、祖宗、舆论都可以不管，只有他对。他一打定主意，连菩萨也劝不动他，当时人皆称他为“拗相公”。

王安石脾气倔，也不容易交朋友，所以满地政敌。连本来是朋友的苏东坡，后来都变成了他的政敌。一直到他下台，苏东坡才又成为他的朋友。这种人没有朋友，做事情没有人规劝，后果就是没办法找到真正有用的部下，肯替国家、替他做事情。领袖太强，手下一定不太强，这是通例。当领导的人最好是能力很强，但不要觉得自己很强，谦虚一点，承认别人的长处。王安石是特别强的领袖，所以他的手下不是庸才就是马屁精，再不然就是利用他的人。他身边这三种人都有，当然办不好事情了。

回头说范仲淹。范仲淹想要办一所学校，训练将来改革的干部，王安石就没想到这一点，他根本没注意当年范仲淹曾有这样的想法，这就是王安石自信过度的毛病。王安石是儒家学者，所以他相信孔子讲的当年尧舜的时代，相信有一个三代之治的圣王时代，那时老百姓的日子过得好，他要把老百姓带回之前的好日子。他自己是很有学问的，也有使命感，但他的性格使他的改革坏掉了。他失败以后，旧党把新政改了回去，到了哲宗、徽宗时，他的老部下又把新政改了回来，但是还没改完，北宋就亡了。

继之的南宋一朝，不断有儒生想要改革，但改革的成果始终未脱离北宋的沉疴，庞大的官僚力量同样不断抵制改革。

什么叫内圣外王呢？南宋儒生的理想，是自身向内要求圣贤的功夫，向外要以王道行天下。找个好的皇帝，用好皇帝的力量（皇帝可以是虚君），他自己可以是真正做事情的人，让世界变成一个太平的理想世界。做到这个地步，自己一定要先向内修身，向圣贤学做人。这就叫内圣外王。理学家就是希望能碰到像王安石一样的机会，有皇帝的信赖，但他自己必定要做一个圣贤的人。

看了王安石的错误，他们心里就会提醒自己，要先把自己做好，所以南宋理学强调要先求内圣，再求外王。南宋理学的功夫，不是纯粹做好个人而已，他们都充满使命感。他们的抱负就是要将世人带进太平盛世：王安石没做好，我们要做好；王安石的办法错了，我们要找更好的办法，做更好的计划。这个理想一直留在中国士大夫心里。中国的读书人一直有这个使命感，从汉朝开始，宋朝加强一点，一直到现在都如此。宋朝是很重要的阶段。

张居正：兼具远见实务，推动行政革新

张居正（1525—1582），字叔大，号太岳，明江陵人。穆宗隆庆时，与高拱并为宰辅；万历初年，与宦官冯保共逐高拱。掌政十年，推行改革。执行考成法，提高行政效率；清丈土地，在全国推行“一条鞭法”；裁汰冗员，减少支出；改变赋税制度，改善财政；起用戚继光等整顿边防；用潘季驯治黄淮二河。卒于万历十年，死后被弹劾。

16世纪时，张居正深得万历皇帝的信任。中国的封建专制到明朝达到前所未有的高峰。太祖朱元璋时已不再设置宰相职务，但张居正因为得到李太后的信任，出任首辅十年，拥有宰相般的实权，使他得以顺利整饬纲纪，推行改革，将已见衰败的明朝恢复到国富民安、海内称治的景况。万历皇帝十岁即位，年轻时政绩做得不错，其实是因为张居正在幕后替他做了皇帝。

当时明朝很乱，明朝皇帝好的少、坏的多，整个明朝的政治其实都不好。朱元璋手下当年一起打天下的文臣武将，

被他杀了四万。朱元璋用读书人做事情，让做什么就必须做什么，做不好就挨廷杖，也有当场被打死的。朱元璋的时代，朝臣上朝晚上能平安回家，一家人都要庆幸又渡过了一个难关。明朝的官员是没有尊严的。所以，明朝的官大半都不行，顶多做到奉公守法，有所作为的可以说是凤毛麟角。

张居正是难得有所作为的人。当时太监专政，替皇上管事。法律不行，政令已无法下达。张居正的改革，只是想按《大明律》做事情，该做的就做，这样皇帝下的诏书、政府下的命令就都能彻底执行，让政府的效率提高。他曾引用于谦的一首诗："千锤万凿出深山，烈火焚烧若等闲。粉骨碎身浑不怕，要留清白在人间。"大意是说：我是山里的石灰岩，被人家切下来到火里去炼，粉身碎骨，烧成一堆白灰，留下的是清白。这就是张居正的志向。

张居正是湖北人，我的先师沈刚伯先生也是湖北人。我在台湾做事情的时候经常遇到麻烦，沈先生以张居正勉励我，说张居正曾发愿：人们走过水坑时，我愿是那水坑上铺着的草席，让人家踩过去，宁愿自己受污而让人家保持干净；骑马的人两脚上都会沾上污泥，我愿做骑马人膝盖上的两块遮脏泥的东西，宁愿自己受污而让人家保持干净。沈先生告诉我：要做事情，就要任劳任怨。张居正就抱持这种想法，立志做有这样情操的人。

张居正的改革在他当政的时候确实是成功了，可是他为改革不惜肃清朝臣巨贾，以致死了之后还差点被开棺斫尸，家产全部被没收。他成功在哪里呢？他制定了一套制度，提高了行政效率；改革田亩的税收制度，使税收公平，让一般老百姓不会被大户侵占权利。大户是当地负责收税的人，当时明朝有包税的恶习，大户负责收税的同时，把自己的税赋转嫁到一般老百姓的身上。

在行政方面，张居正定了办法：一个命令，分成三份，一份留给下命令的人，一份给收到的人，一份给监察的人，如果没有按照时间汇报，就表示命令失败，监察人员会去查验执行的时间对不对，执行的条款对不对，执行的情况成果对不对，最后加以考核。这个办法延续了几个世纪，直到抗日战争的时候，还有行政三联单。从16世纪用到20世纪，这个政策在不同的朝代或时期有不同的名称，但设计原理是一样的：一个命令出去，一定有人追踪考核。这是张居正有远见且切合实际的改革。

康有为：经世致用的思想家与活动家

康有为（1858—1927），原名祖诒，字广厦，号长素，广东南海人，世称南海先生。1888年第一次上书朝廷，建议变成法、通下情、慎左右三事。十年间先后七次上书，并在各地组织学会，创办报刊，鼓吹变法。1895年《马关条约》签订后，联合上京会试的一千三百余名举子上书，建议拒签和约、迁都抗战、变法图强，是为维新变法的先声。

清朝末年，国家领土一天天被侵夺，赔款一天天付出去。政治日坏，本来用于兴建海军的钱拿去建颐和园，捐官的人拼命捞老本。眼看国家快要亡了，康有为、梁启超这些人想要辅助光绪皇帝变法。当时他们决意模仿德国与日本。因为日本的明治维新刚刚开始，成败还在未定之数，而德国的改革很成功，所以他们希望以德国和日本的改革做榜样。

一百多天下来，这些年轻的改革者天天下命令，下了无数的命令，单单从命令来看，中国已经维新了。但旧的官僚根本不听他们的话，所以到了最后，因慈禧太后反扑而有了戊戌政变。这些包括康有为在内的改革者，所作所为和王莽一样，也是托古改制。康有为说孔夫子本身就是大改革者，孔夫子生前就想改革鲁国的，变法也不过就是孔夫子想做的事。康有为的做法也与王莽、王安石一样，对古代的经典做新的解释。康有为在广州讲学，也是在传播这一套托古改制的理论。实质上，他以外国的例子作为改革真正的蓝本，但他一定要套上中国的传统，托古来说服大家。

康有为也不能说离儒家很远，汉朝儒家有一批今文学派的学者，他们确实想要依据理想制度来改革朝政。所以康有为是想让今文学派的思想在清朝复活。在他讲学的时候，有一批人跟着他一起做，在他上书时，带动、影响很多人签名，面临这样的时代需要，中国不改是不行的。戊戌被害的六君子中，最可佩的是谭嗣同，他讲人权，既讲儒家的仁，也讲佛家的“慈悲”。谭嗣同一念慈悲，要救苍生于水火之中。为了改革变法，谭嗣同愿意掉脑袋来完成。慈禧太后派人去抓他们的时候，大家都要逃，但是他不逃，他大开正门，坐得端端正正等着来抓，这是一个有使命感、有抱负的人。

梁启超：笔端常带感情的改革宣传家

梁启超（1873—1929），字卓如，号任公，别号饮冰室主人。十七岁中举，是康有为的学生，也是戊戌变法主要成员。辛亥革命后，曾出任北洋政府司法总长、币制局总裁、财政总长等职。他早年在《时务报》《新民丛报》所发表的政论散文被称为“新民体”，这些文章感情奔放，启蒙了整整一代人。晚年在清华讲学，为国学院四大导师之一。

梁启超梁任公在戊戌变法里不是第一主角，第一主角是康有为。梁任公则是康有为最有才气的学生。戊戌变法虽然失败，改革的种子却已在中国萌生。梁启超二十一岁时，曾填词抒发胸中感慨，发愿替苍生受苦，老百姓所受的苦由他一人受好了，他就是这么一个胸怀济世的人。

民国建立以后，梁启超有志于政治，他起初想保皇，后来不想保皇，也不想复辟，他想要建立民主制度。在当时北洋政府所在的国会里，他想要建立一个政党，但是也失败了。不过这个人确有感人的力量，他的朋友里面，文的有当时第一等的知识分子，武的有当时最好的战略家蒋百里。他后来要去旅行的时候，蒋百里丢下自己的职务跟他走，也有人贴了家财替他办政党。这就是梁启超感人的力量，但最后还是失败了。

除了做过两任总长，在民国的政治上他没有真正占到一个位置，他说的“千金剑、万言策”，讲起来都是想要用政治来救国救民的，但他一辈子都没做到。可是对中国的启蒙而言，没有梁启超就没有启蒙：他宣扬民族的觉醒，也宣扬民主，他的文章有感情、有思想。我的老师夏德仪先生曾回忆道，他当时住在苏北的乡下，交通并不方便，但每天有一艘船，带来梁任公主笔的《时事新报》，夏先生等人每天都在码头上等。上海发行的报纸，四川一样有人在等。

梁启超其实并不做第一手的研究，他会外文，但常常别人念给他听，他就写下来。他的著作涉及面很宽，从法律、政治、经济，到诗歌，再到戏曲，无一不通，所以政治上他虽没有如愿，思想上却成功地推动了中国的启蒙。日据时代，他到台湾访问，林家接待他，不管哪个地方的旧士绅，大家都来听他讲几句话、讨论问题，所以他的启蒙也影响到日据时期的台湾。与他在政治上的失败对比，他在其他方面的成功显得更深刻了。

梁启超走了，留下有用的人做别的事情。假如没有梁启超的贡献，我们中国的近代历史可能又是不一样的。梁启超对近代中国教育的功劳之大，无人可比。包括梁启超在内的改革者，对老百姓、对世界都有许下的愿心。

我拿戊戌变法的人物来做本章结尾，就是要说明，中国士大夫的传统就是一直想要改，一直想把理想带到现实世界来，但因为时代的限制，因为背景的限制，或是因为改革者自身性格的限制等，一路过来的几位改革人物几乎都是失败的。但是没有这些失败的人物，没有这些人留下来的痕迹，历史就显得过于苍白了。

结论

改革者多半下场不好，这是有缘故的。因为，对一个组织或系统而言，任何变动都会牵动全体，整个组织系统如此庞大，仅靠一小部分的变动来推动改革是很困难的。

另外，每个朝代的开创者都是系统的设计者，等于是重新开始，负担比较少，而且，往往鉴于前朝的困难与缺失，便进行一番全面的翻修。最明显的例子就是，因为唐朝末年到五代十国藩镇割据、国家分裂，所以宋朝就一百八十度转过来，将文官地位提高，武人地位压低。像这样全然地更动，往往会成功，因为不是只修补少部分，而是一概全换。

这与改革不同，改革往往是在朝代已经运作了一段时间，产生了问题时，才有更动之议。这一章里唯一的例外是王莽，他是自己想出一套全新的东西来，其余改革者则都是因为产生了大大小小的问题，必须做修改。修改一个小螺丝钉，一定会发生磨合的问题，改革成功的概率往往非常小。同时，任何一个大系统，都会有一些既得利益者出来反对，到最后，改革者一定变成少数面对多数，因为他的同僚和与他同时代的人，甚至不在政府里面的百姓，都会对他产生强烈反感。王安石就是如此。他失败的原因还应包括在某些本来没问题的地方，却因为改革牵涉了别人，惊动了朝野。他的动机很好，可是一竿子惹翻了整船的人，大家都想把他丢下水。这，就是改革者失败的悲剧。

第二章

历史人物的成败

人生在世，无法轻易说哪个成功、哪个失败，只有自己才知道。天下最痛苦的事莫过于总是觉得自己怀才不遇，可能他所怀的才永远没有用的机会。所以，若是自己的期许和自己可做到的不一样，这就是最大的痛苦了。

我们在第一章提到，许多成功和失败是无法用一个标准来判断的。许多事情，我们原本觉得它应该成功，可是到头来却失败了；有时觉得可能会失败，最后却成功了，这很难说。历史学家可以说是事后诸葛亮，但事后“算命”其实也不是件容易的事，因为手边的资料时常是不完全的，而且立场也常有偏私。

先说个塞翁失马的小故事。《淮南子》里面提到，长城边上住着一个老翁，家里养了一匹好马，有一天那匹好马溜掉了，别人都说好可惜，但这个老翁说，怎么知道这不是好福气呢？过了几天，好马带了一群马回来！马有个习惯，就是服从领袖，服从领袖绝对不是盲目，马的领袖一定是匹好马。因为做领袖的要负很多责任，它要负责找水源，找睡觉的地方，看见敌人的时候要第一个抵抗，晚上别的马睡觉的时候，它则要巡逻。头马是不简单的，所以马群的头马一定是好马。这匹好马跑出去，最后带回许多马，老翁等于凭空发了财。但这时老翁却说，表面上看起来是好事的，反而很有可能是祸害！过了几天，他的儿子骑马摔了一跤，大家都替他惋惜，但老翁依旧说“焉知非福”啊！过了不久，国家打仗要征兵，他的儿子因为受伤，反而不用去当兵。

人生在世，无法轻易说哪个成功、哪个失败，只有自己才知道。反过来讲，也不要轻易判断哪个一定失败、哪个一定成功。天下最痛苦的事莫过于总是觉得自己怀才不遇，可能他所怀的才永远没有用的机会。所以，若是自己的期许和自己可做到的不一样，这就是最大的痛苦了。

接下来，我会拿一连串的人物举例，看看别人眼中的他们。他们为什么倒霉，也许他们自己都不知道；同样，他们成功的地方，也许他们自己也不知道。

李广：性格决定命运的悲剧将军

李广（？—前119），西汉名将，陇西成纪人。文帝时，参加反击匈奴攻略的战争。景帝、武帝时曾任陇

西、北地、右北平等边郡太守，匈奴畏之，称其为“飞将军”。公元前119年，随卫青攻匈奴，因无向导迷路失期，自刎身亡。李广的儿子李敢、长孙李陵，也都是一时名将。

我对李广有一点偏爱，因为书上说：“李广老，数奇。”这意思是说李广运气不好，命中注定不能封侯。

李广一辈子没有封侯的机会，最后还自杀了。这位飞将军会骑马，善射箭，据说他夜里看到一只“老虎”，一箭射过去，第二天早上发现，原来是石头。力道之大居然足以穿石。

汉朝的国都长安位于今天的西安，西边和北边共有六个郡。因为这六个位于长安西边跟北边的郡居于边境，所以郡里的年轻人几乎都会骑射，政府对他们特别优待，交的税也少一点。当时有所谓“六郡良家子”之说，就是六个郡里好人家的孩子。他们通常自备弓马，敌人来犯时，“良家子”以义勇军参战。李广就是由此途径参军，最后出任将军的。他是当时最有名的军人，曾担任右北平郡太守，戍守在今天的北京附近，负责防守边境的长城。

汉朝跟匈奴打了很多次仗，李广常常率领小部队主动出击，几十个人、几百个人就冲出去，常有斩获。他当然也有被抓的时候，此时他便趁敌人没有防备逃出来，即使被绑在马上，他也可以夺过旁边胡人的马，跑回汉营来。有一次，匈奴的大军在前面，他只有几十匹马、几十个骑兵，还故意徐徐慢行，让匈奴搞不清楚他背后是不是有伏兵，不敢动他，只好退走，他则安安全全地回来了。这些都是很了不起的事情。

卫青、霍去病这两个人是讨伐匈奴的主将。以汉朝的角度看，他们称得上是成功的将领，每个人都带过几万大军出征，而且最终将匈奴击败了。但西汉时匈奴并没有全败，整个匈奴的衰败还要再过两百年。

卫青、霍去病这两个人都不是“六郡良家子”，也不是行伍出身。卫青的姐姐是汉武帝宠爱的夫人，霍去病则是卫青的外甥，他们是以外戚的关系得到信任带兵出征的。霍去病有句名言：“匈奴未灭，无以家为！”意思是说，匈奴还没消灭，我哪里能结婚？但是又有“战士军前半死生，美人帐下犹歌舞”来描写他当将军时的情景，所以我们猜测他是贪图享乐的将军。

他们成功在哪里？原本汉朝的国力就强到可以打败匈奴，卫、霍两人唯一的优势是获得皇帝的充分信任。汉朝的损失多大呢？三次出兵，朝廷损失大得很，这还不包括自己带着马一起跟着去征战的义勇军。所以这是汉朝倾全国之力来打的仗。得到充分信任的亲贵所带的兵，倾尽了全国之力，拼资源，也拼决心。

今天在西安城外，可以看到霍去病的墓，墓的外形犹如祁连山，墓旁就有马踏匈奴像，匈奴人瘫在地上，一匹战马踩在他身上。霍去病的墓，可以说是汉朝至今最出风头的一个墓，可晓得是为什么吗？因为霍去病的名字有“去病”二字。许多百姓因而流传摸他的像可以治病，从伤风咳嗽到瘫痪的人都去摸一下他的像，霍去病墓旁的石头马被摸得亮光光的。两千多年来，天天有人去摸，怎能不光啊！陕西附近的人都认为他是“医神”，而不只是战马嘶鸣、战功赫赫的青年将领。

汉朝大军讨伐匈奴，卫青和霍去病这两位大将各率五万人出去征战的时候，却让李广率偏师别道领兵。李广很不高兴，他认为自己是全天下最有名的战士，匈奴称他为“飞将军”，为什么派他率偏师？结果，人家大军打了胜仗回来，他却迷了路，困在沙漠里。按照汉朝的规定，没有完成使命的，回来要接受军法审判。他想自己这么大岁数了，还有脸接受军法审判吗？于是自杀了。

虽然大家一直哀悼这位英雄人物，但我们来看看他失败的原因。

李广确属战士，却非称职的将领。他是带兵打仗的人，还轻举妄动，随时带着几十人、几百人冲出去，这是不对的。将领应该守住大部队。汉朝时北方一个郡的骑兵规模，至少有一万，这一万骑兵是训练有素、有部务、有编制、有纪律的军队，而大将的责任是指挥大部队，不是逞个人英雄。

当时有位将军叫程不识，他的部队从来不打大胜仗，也从来不打大败仗，永远是一整批出去，退兵也是一整批慢慢退下来，左右前后，整个部队的旗号整整齐齐，无大胜亦无大败。两人相比，程不识的功名远不及李广，也不像李广那样让人佩服，但他是真正的将领；李广则不是称职的将领，只是个战士。所以汉武帝、卫青说李广“数奇”，说他运气不好，其实是迷信。

汉武帝大概了解李广这个人，知道他不能当主力，但又不能不派他去，所以挑了一个偏师别道叫他去，碰不到敌人，还可以全师而回。结果李广因为没有前哨而迷了路，说来也很不应该。所以讲起李广身后的名声，我们说他是龙城飞将，其实他只能算是善战的勇士。

李广有个孙子叫李陵，名气也很大。太史公司马迁就是因为在李陵投降匈奴时替他向汉武帝求情而受了宫刑。从《答苏武书》可以看出，李陵也是个战士，却不是称职的将领。李陵为什么被打败呢？当中也是有缘由的。在沙漠、草原作战，面对千军万马，怎么可以只带五千步兵出去呢？这五千步兵虽是精选的部队，每个人都有本事单独作战，但如何把五千个战士摆在一起，才是对将领的考验。他远征出战，最后碰到单于大军而被围，能抵抗很久才全军覆没，已是不容易的事情。但这些终究不足为训，为将之道并不是逞个人英勇，而是求得最终的胜利。

李陵的《答苏武书》这篇文章音声激越、情景凄切，读之令人鼻酸。我引用全文，盼望读者能从这篇文章中领略李陵心情的悲苦。他们祖孙两人在当时、身后都得到世人的同情，其实是因为大家不了解真正的原因，那就是他们不称其职。如果以战士来说，最后虽然失败，还可佩可敬，不过因为他们是将领，出现这样的情况就是不称职了。他们并没有料到身后会有那样大的名声。许多事情常常是这样的，早死之人是运气好，因为死得早，名声好似花朵半开；若是当时没死，好名声能持续多久就不一定了。

答苏武书

李陵

子卿足下：

勤宣令德，策名清时，荣问休畅，幸甚，幸甚！远托异国，昔人所悲，望风怀想，能不依依！

昔者不遗，远辱还答，慰诲勤勤，有逾骨肉。陵虽不敏，能不慨然！

自从初降，以至今日，身之穷困，独坐愁苦。终日无睹，但见异类。韦鞲毳幕，以御风雨。羶肉酪浆，以充饥渴。举目言笑，谁与为欢？胡地玄冰，边土惨裂，但闻悲风萧条之声。

凉秋九月，塞外草衰。夜不能寐，侧耳远听，胡笳互动，牧马悲鸣，吟啸成群，边声四起。晨坐听之，不觉泪下。嗟乎，子卿！陵独何心，能不悲哉！

与子别后，益复无聊。上念老母，临年被戮；妻子无辜，并为鲸鲵。身负国恩，为世所悲。子归受荣，我留受辱，命也如何！身出礼义之乡，而入无知之俗，违弃君亲之恩，长为蛮夷之域，伤已！令先君之嗣，更成戎狄之族，又自悲矣！功大罪小，不蒙明察，孤负陵心，区区之意。每一念至，忽然忘生。陵不难刺心以自明，刎颈以见志，顾国家于我已矣。杀身无益，适足增羞，故每攘臂忍辱，辄复苟活。左右之人，见陵如此，以为不入耳之欢，来相劝勉。异方之乐，只令人悲，增忉怛耳。

嗟乎，子卿！人之相知，贵相知心。前书仓卒，未尽所怀，故复略而言之：昔先帝授陵步卒五千，出征绝域，五将失道，陵独遇战。而裹万里之粮，帅徒步之师，出天汉之外，入强胡之域。以五千之众，对十万之军，策疲乏之兵，当新羁之马。然犹斩将搴旗，追奔逐北，灭迹扫尘，斩其枭帅。使三军之士，视死如归。陵也不才，希当大任，意谓此时，功难堪矣。

匈奴既败，举国兴师，更练精兵，强逾十万。单于临阵，亲自合围。客主之形，既不相如；步马之势，又甚悬绝。疲兵再战，一以当千，然犹扶乘创痛，决命争首。死伤积野，余不满百，而皆扶病，不任干戈。然陵振臂一呼，创病皆起，举刃指虏，胡马奔走；兵尽矢穷，人无尺铁，犹复徒首奋呼，争为先登。当此时也，天地为陵震怒，战士为陵饮血。单于谓陵不可复得，便欲引还。而贼臣教之，遂使复战。故陵不免耳。

昔高皇帝以三十万众，困于平城，当此之时，猛将如云，谋臣如雨，然犹七日不食，仅乃得免。况当陵者，岂易为力哉？而执事者云云，苟怨陵以不死。然陵不死，罪也。子卿视陵，岂偷生之士而惜死之人哉？宁有背君亲，捐妻子，而反为利者乎？然陵不死，有所为也。故欲如前书之言，报恩于国主耳。诚以虚死不如立节，灭名不如报德也。昔范蠡不殉会稽之耻，曹沫不死三败之辱，卒复勾践之仇，报鲁国之羞。区区之心，切慕此耳。何图志未立而怨已成，计未从而骨肉受刑？此陵所以仰天椎心而泣血也！

足下又云："汉与功臣不薄。"子为汉臣，安得不云尔乎？昔萧樊囚絷，韩彭葅醢，晁错受戮，周魏见辜。其余佐命立功之士，贾谊亚夫之徒，皆信命世之才，抱将相之具，而受小人之谗，并受祸败之辱，卒使怀才受谤，能不得展。彼二子之遐举，谁不为之痛心哉！陵先将军，功略盖天地，义勇冠三军，徒失贵臣之意，到身绝域之表。此功臣义士所以负戟而长叹者也！何谓"不薄"哉？

且足下昔以单车之使，适万乘之虏，遭时不遇，至于伏剑不顾，流离辛苦，几死朔北之野。丁年奉使，皓首而归。老母终堂，生妻去帷。此天下所希闻，古今所未有也。蛮貊之人，尚犹嘉子之节，况为天下之主乎？

陵谓足下，当享茅土之荐，受千乘之赏。闻子之归，赐不过二百万，位不过典属国，无尺土之封，加子之勤。而妨功害能之臣，尽为万户侯，亲戚贪佞之类，悉为廊庙宰。子尚如此，陵复何望哉？且汉厚诛陵以不死，薄赏子以守节，欲使远听之臣，望风驰命，此实难矣。所以每顾而不悔者也。陵虽孤恩，汉亦负德。昔人有言："虽忠不烈，视死如归。"陵诚能安，而主岂复能眷眷乎？男儿生以不成名，死则葬蛮夷中，谁复能屈身稽颡，还向北阙，使刀笔之吏弄其文墨邪？愿足下勿复望陵！

嗟乎，子卿！夫复何言！相去万里，人绝路殊。生为别世之人，死为异域之鬼，长与足下生死辞矣！幸谢故人，勉事圣君。足下胤子无恙，勿以为念，努力自爱！时因北风，复惠德音。李陵顿首。

诸葛亮：拙于战略的行政长才

诸葛亮（181—234），字孔明，号卧龙，琅琊郡阳都人。诸葛亮曾隐居在南阳，刘备三顾茅庐时，他提出三分天下的“隆中对”，之后出山助刘备占取荆、益两州，最终促成三国鼎立的局面。刘备死后托孤，诸葛亮主管一切政务。当政期间，他励精图治，赏罚分明，推行屯田政策，并改善和西南各族关系。五次出兵北伐，病死于五丈原军中。

诸葛亮是许多人非常崇拜的人物，看《三国演义》或是京剧，大家都晓得他。他身着八卦衣，头戴纶巾，手持羽扇，气定神闲，谋划出空城计和草船借箭这样脍炙人口的妙计。但真正的诸葛亮不似京剧里面那般倜傥，也没有《三国演义》里的神机妙算。

《三国志》才是真正可信的史书，作者陈寿在《诸葛亮传》后面加了评语，说诸葛亮行政工作做得非常好，对人很忠诚，为了报答刘备的知遇之恩，他一生都愿意为刘备肝脑涂地，而且他一辈子对人很宽厚，执法严而公平，但加了一句话“将略非其所长”，意思是说打仗并不是他的长处。这就与《三国演义》中诸葛亮的形象不一样了。罗贯中在小说中为诸葛亮创造了许多脍炙人口的事迹，但历史上的诸葛亮不是罗贯中所写的诸葛亮，更不是京剧中的诸葛亮。

诸葛亮当年在刘备三顾茅庐做“隆中对”的时候，已预见了天下三分的局面，不过鲁肃也看出了这一情势。当时中原已经打了几十年的内战，而且刘备根本还没进四川（汉时称西川），连荆州都没拿到手，彼时诸葛亮就可预见四川会属于刘备，有人因此而怀疑“隆中对”的真实性。

此外，关于两篇《出师表》，目前历史学家已考证出前《出师表》才是诸葛亮所作，后《出师表》则有点可疑。前《出师表》中辈出的人才，到了后《出师表》时期已所剩无几了。蜀汉之所以能在四川苦撑那么久，与孙吴、曹魏三足鼎立，不是因为四川人才出众，而是因为最初来自中原那批人的才干。正如台湾前三十年不是光靠一个地方的资源建设起来的，而是靠来自祖国大陆的人才，才有今朝啊！

诸葛亮在“隆中对”里面提到，一支部队要由汉中到长安，然后出关中，另一支部队则从荆州往北打，两支部队呈钳形攻势夹击中原，这是“隆中对”的主要论调，而且要一边北面抗曹，一边与孙吴和好，这是他的大战略。大战略的后半段怎样呢？假如打赢了曹魏，南边的孙吴又如何处理，是平分天下还是再打一仗？“隆中对”并没有交代。所以这个大战略是有问题的。另外，当时形势是要绕道从渭水打到长安，再沿着渭水下来。曹操的根据地在河南东边，并不在此，从荆州出去可以拿到洛阳，已经是运气不错了。

马超被列为五虎上将之一，不是因为他多会打仗，而是因为四川没别的兵源。诸葛亮昔日带进去的荆襄旧军队，后来不够用了，诸葛亮曾五月渡泸，南下云南，深入那些不毛之地找寻兵源。马家军的基地正好在凉州，又有羌人作为后援，这是马超能得势的重要原因。后来姜维能在西北维持下去，靠的也是凉州兵，如果没有羌人的军粮与凉州的兵马，他无以为继。这些不是为了形成钳形攻势，而是因为没有别的选择。

话说回来，如果说诸葛亮在南阳躬耕的时候就想到往后要靠凉州兵，似乎有点太早，因为那时他应该还有兵可用。出四川要走今天丹江口的那条路，叫商关道。只要从商关一带进入，就可以直驱洛阳了，那才是钳形攻势可以运用的。攻击曹操，应该往东北打，这样才能威胁曹操的大本营许昌。

从某方面来看，我常常想，为了黎民百姓，其实诸葛亮不必六出祁山，只要好好守着四川就可以了。但这也是不得已的事：若他不做攻击性防御，汉中恐怕也是守不住的；后来在以四川为基地的偏安局势下，守巴山守得住，却一定要在前面以攻为守，袭击对方，让对方打不进来。

倒过来问，商关道为什么打不进来呢？因为商关道是捷径，从商关道出四川很容易，但诸葛亮在那里已经摆着人了。那个地方穷山恶水，打进去难。所以真正理想的打法是：在关口要道，摆一支前哨部队，后面四川部队进行接济，一波一波往下打；东边从荆州往汉水的东边打，打上淮水，就可以逼着东吴非上来帮忙不可，因为已经打到东吴的家门口，它必须派部队一起跟着打。这就是我的“隆中对”，十足的“事后诸葛亮”。

从上面的分析来看，诸葛亮的战略并不高明，但是他为人公正，对人好那是没话说的。所以我对诸葛亮还是给予相当高的评价，只不过对大家从文学作品中得来的印象——以为他很会打仗，身为历史学者，我必须有所矫正。

从这几个历史人物可以看出，真正看历史、看人物，不应该只从一个角度，而应从不同的方面考察。

前后两篇《出师表》分别表现了在不同的背景下，诸葛亮率师出征的心情。前《出师表》是在北伐前夕，诸葛亮因受刘备托孤之重，叮嘱后主治国用人的原则，似乎已预见日后蜀汉面临的困境。这是老臣呕心沥血的忠悃之作。

后《出师表》则是他决心在关中渭水屯兵长期抗敌的前夕所作。蜀汉人才凋零，其实已无能恢复中原，知其不可为而为之，诸葛亮的心情等于是在做最后的告别。这两篇文字反映了诸葛亮走入了不可逆转的悲剧，但是也正因为他的这番心情，千百年来，读者对他不能不肃然起敬。

王导：彻底妥协的现实主义者

王导（276—339），字茂弘，琅琊临沂人，出身望族。西晋末，建议司马睿南迁偏安。司马睿称帝后，出任丞相。时有“王与马，共天下”一说。王导历仕元、明、成三帝，领导南迁士族，联合江南士族，稳定了东晋初年在南方的统治。

王导也是个了不起的人，所以我将王导和诸葛亮放到一起来讨论。诸葛亮带了锦囊和中原、荆襄的人才入四川，尽量想办法和当地的大族、豪强和好，稳住局面。等到军队不够用了，他才进入南中。孟获也算是南中的大族，不管是士族还是早期过去的汉人，都已成为地方势力，他们后来也都在蜀汉朝廷占有一席之地。

孟获其实不认得什么汉字，但因为他是南方大族的领袖，所以可以做到御史中丞的位置，相当于副宰相，这是诸葛亮的策略。但是诸葛亮采取内儒外法的方略，他有一套法家的手段，犯了法的人一定要受惩罚，因此蜀汉治理得相当好。据说他在世的时候，民间已经到了路不拾遗的境界。不过因为诸葛亮赏罚分明，所以他跟当地贵族的关系不会真正水乳交融。这从他在前《出师表》中嘱咐刘阿斗时，没有提到一个出身当地的人即可看出。但诸葛亮怎么也没想到，等他带来的人都去世之后，朝廷不就没有可用之人了？他最后提拔的姜维是羌人，是他攻打凉州时收编过来的人。换句话说，蜀汉内部族群的矛盾一直存在而没有解决。

王导到了江南，当时江南极不安定。江南已经有许多名门望族，南京（东晋时称建康）附近到苏州一带的田全被占光了，所以新来的这些大族不得不到浙江绍兴、宁波这些多山之地。面对这种局面，东南方大族的力量是相当大的。三定江东，指的就是曾经有三次武装冲突。但王导是怎样让这个局面稳定下来的呢？他充分迁就，先不管法律，只管人情，迁就大族，完全用妥协的办法来调和。

后来从湖北、江西顺流东下的，已不是山东、河南大族，而是来自更偏远一点地方的人。如果真的给这些人地盘，他们也会变成大族，可是却没有地盘给他们了。所以大族只能在江东，也就是今天浙江、安徽、江苏一带。

东晋最重要的军队共分成两支：一支在荆州，一支在扬州。荆州的军队防长江上游，扬州的军队是真正保卫首都建康的。但为什么把保卫首都的军队远远摆在北边？是因为王导怕那些大族起疑心。摆在北边当作防敌人，也就跟大族不相干了。他的战略是为了生存，而不是为了真正治理的公平，这就是东晋这个逃亡政权能站稳脚跟的原因。

与政治相关的当然还有婚姻，北方来的大族和南方原有的大族彼此通婚，这就使东晋的政治得以稳固安定。为了政治，王导牺牲了亲戚朋友，来求得大局的安定，而这居然换来了两百多年的安定，这也是始料未及的，因为没有人想到会这么久。事实上，这样和稀泥的方法也是有效的，王家还变成了“王谢世家”之一。

如果拿王导的策略跟诸葛亮的治术相比，成功失败是很难下断语的。诸葛亮赢得我们的敬佩，是因为他信守诺言，他答应刘备要撑着天下，就一直撑着，撑到他五十四岁去世。他每天只吃一碗饭，非常辛苦，他个人信守的承诺是做到了，但是陕西、四川等地的老百姓多吃了二十年的苦。王导做的事情不公不道，却可以让人民安定两百多年。这中间的长短何在，还真让人难以置评。

我个人不喜欢王导的和稀泥，但是以当时来讲，江南脱颖而出，成为中国最富庶的地方，他给了老百姓安定的生活，这一点是真的不容易。我常在想，对历史人物的评价究竟要以道德为准，还是应该以他执政之下老百姓的生活品质为准？

郭子仪：手腕圆融的将将之才

郭子仪（697—781），唐玄宗天宝初年的武举人。天宝十四年（755年）安禄山起兵，随即攻破洛阳、长安，玄宗逃亡蜀地。肃宗即位后任命郭子仪为关内河东副元帅，配合回纥兵收复二都，而后数年在叛军内讧不断的情况下彻底平乱。他一生历经玄宗、肃宗、代宗、德宗四朝，是唐朝中兴名将。

大唐名将郭子仪不但战功彪炳，而且还很长寿，活到八十几岁，当时唐朝的将帅几乎都出自他门下，儿孙多到不认得。安史之乱发生的时候，如果没有郭子仪，就没有唐朝后半段的江山，跟他一起平定天下的大将军李光弼，功劳不能跟他比。但郭子仪不是一个军事将领，而是个政治将领，他擅长调和矛盾，而不需要亲自上阵，这点很像第二次世界大战时美国的艾森豪威尔。

艾森豪威尔与马歇尔、麦克阿瑟相比，战功可差远了。麦克阿瑟是个战将，艾森豪威尔根本没有在前线立过功劳，但要安排两百万的骄兵悍将不冲突，很不容易。前往巴黎的路上，不管哪一国的军队，喝了酒都可能立刻打起来，但是艾森豪威尔的调和功夫好，最后还当了总统。麦克阿瑟就不行，他永远只能是一个战将。

安史之乱足足乱了八年，战将如云，但真的能统率这群战将的，也只有郭子仪一人。他为人宽宏大量，非常谦和。所以这个人的功劳是千真万确的，但是他在打仗方面是否有瑕疵呢？九个节度使的军队联合起来，负责监军的是皇帝派来的太监鱼朝恩，这个时候郭子仪没辙了，指挥权在别人手上。结果这次大败，连郭子仪自己都败了。但他能使九个节度使联手，就已经是大功一件了。

至于他用的兵，也不是汉兵，他用的是朔方的兵、回纥的马。军队都是北方的杂胡，也就是各式各样的胡人，马则是回纥人提供的，就是今天伊犁的马，所以他基本上是以胡兵、胡将、胡骑来打安禄山的胡兵、胡将、胡骑。某种程度上说，中国北方变成胡人自相厮杀的战场，郭子仪正是在这个当口被造就出来的英雄。

他最有名的一件事就是，他的儿子娶了公主，小两口吵架了，公主说，我爸爸是皇帝，他儿子说，我爸爸给他皇帝都不做呢。公主回家告状，说郭子仪有不臣之心，他连皇帝都不想做，何况他手上的兵权比皇帝还大。结果郭子仪就把儿子绑了送上朝廷，皇帝也没话说了。可见郭子仪的手段有多柔软。他的权贵，是靠自己打仗得来的；他的财富，则是靠在长安附近的田地放置很多水磨、水碓收费得来的。水磨、水碓在当时是很赚钱的，磨粉、舂米都是要收费的，他其实强占了民间不少的资源，实在不能算是个守法的人物。

总之，郭子仪是个全福全寿的人，富贵长寿无一不有。我只要想到卫青、霍去病就会想起郭子仪，也就是这些立大功之人，他们的功劳究竟是谁的？打仗的结局是千千万万人的鲜血染红了大地，一将功成万骨枯。仗啊，还是不要打的好！

苏轼：失之宦途而得千古文名的文豪

苏轼（1037—1101），字子瞻，自号东坡居士，与父苏洵、弟苏辙合称“三苏”。曾于神宗时，因上书反对王安石变法而被外放。先后任杭州通判，密州、徐州、湖州知州。而后因以诗“诽谤朝廷”罪被贬谪黄州。哲宗时任翰林学士，官至礼部尚书。后又被贬谪惠州、儋州（今海南）。大赦北还后第二年病死于常州。苏轼是人类文化史上不可多得的全才，其诗、词、书、画、文章均为一时之冠。

苏轼世称苏东坡，是北宋仁宗到哲宗时代的文豪与政治家。论才华，苏东坡不仅在中国历史上是罕见的天才，在人类文化史上，也名列前茅，他的文名远远高于其政治家的名声。

散文方面，他是“唐宋八大家”之一，在宋代的六人之中，苏洵、苏轼与苏辙父子三人占了一半。而苏轼的文章，大约与欧阳修同居首位。诗词方面，除了唐朝的李白、杜甫、白居易，在北宋诗家的排名榜上，苏东坡也在冠亚之间。北宋词家，苏居前列，与南宋辛弃疾同为豪放风格的大家。苏东坡的书法为北宋“苏黄米蔡”之首。绘画方面，苏、米同列，而米奉苏为师。单从这一串成就看，历史上能有几人可与苏东坡相提并论？

苏东坡是四川眉山人，眉山从地理位置讲起来不算中原。他的出身不是士族，也不是什么了不起的读书人家。他的父亲苏老泉，二十七岁才开始发奋读诗书，可以想象也不是读书世家，偏偏他却特别聪明。

苏氏父子三人在宋仁宗朝内自家乡进京。正像名角登场，一掀帘就引起满场注目。他们一到汴梁，就立刻引起当时政治精英们的注意。苏东坡与弟弟苏辙在科考中一举成名，当时的主考官欧阳修为取中二苏，兴奋不已，而当时的仁宗皇帝退朝回到内宫，很欣喜地告诉皇后：“我为子孙找到了两个好宰相！”

当时苏东坡并不以写诗闻名，而是以才华策略著称，是一个能臣、干臣。苏东坡入仕之初，结识了不少一时之俊杰。这些人之中，欧阳修、司马光、王安石、范纯仁（范仲淹之子），都是有学问、有气节、有见识、有抱负的人物。不幸的是，这么多优秀人才，却把毕生精力耗费在了政治斗争上。

北宋的政治风暴是王安石发起的变法运动。王安石的变法，不仅在当时有许多反对者，甚至到现在史家还没有定评。王安石得到神宗的信任，坚决在政治、经济各方面推动全面改革。这位有名的“拗相公”性格固执，自负甚深。他的政策可能在用意上不恶，但在执行时，不免有偏差。

王安石的政敌以司马光为首，司马光一派全面反对新政。神宗与王安石君臣二人，则全力压制批评，反对的反对、贬的贬、免的免，在大批受害者之中，就有当时已在中央朝廷任职的苏东坡。平心而论，苏东坡的批评其实相当理性，他经常针对新法中的“青苗法”，指责其执行过当的缺失。他并未如司马光一样不管青红皂白反对一切新政，却屡屡遭逢厄运。

苏东坡本是有济世之才的人物。他卷入了这场风暴，终生不能脱厄。新旧党争不只限于王安石受重用之时。新党曾经二度失势，旧党两度回朝。在几次回朝的短暂岁月，苏东坡也能在国家大事上有可行的献策。凡此都显示出他多方面的才能，如果有机会，他无疑能在政治上有所作为。

在新党得势时，苏东坡一次又一次地被贬逐外任，三次下放，曾去过河南、江苏、浙江、湖北、湖南、广东，越贬越远，最后贬居海南，遥望中原只一线山影之隔。苏东坡在这种困境中还是能乐天知命，自己寻找生活的乐趣。

他在杭州、徐州、惠州各地的政绩，表现出他处理实际事务的才具。他能处理军政、水务和赈灾各种事务。他在杭州，费尽全力治好了几乎已经壅塞的西湖。他整治西湖的举措，在调节水量、供给市民饮水及减少海潮压力方面，都发挥了相当重要的作用。西湖上的一道“苏堤”，不仅能处置蔓草污泥，更为西湖增加了妩媚气质。这一审美的贡献，我们相信，也可能是基于苏东坡自己的审美观。

苏东坡被贬到黄州，发明了东坡肉。今天大家说东坡肉，说错了一点，东坡肉里面要衬笋子，真正的东坡肉又叫笋烤肉，一定要有笋子衬在底下。笋子的作用一是可以不让肉烤焦，二是可吸收肉的油脂，使得东坡肉腴而不腻。而笋入了肉味，更显鲜美。

他在黄州担任小官，收入不足以维持生活，不得不开辟荒地，自耕自食。然而，如此穷困的生涯中，苏东坡却创作了许多名作，千古以来，常为中国人诵读。他的“赤壁二赋”，表现了他通达的宇宙观，将空间的无限与时间的变化编织为文字与声韵都十分完美的韵文。他的“回首向来萧瑟处，也无风雨也无晴”“拣尽寒枝不肯栖，寂寞沙洲冷”“倚杖听江声”等名句，至今为人引用，也体现出他豁达而爱惜羽毛的人格。

他的好诗、好词多是在穷困潦倒的时候写的，而不是在得意的时候写的。苏东坡的成就，绝不是几句诗词足以表达万一。誉满天下，谤亦随之，他的一生，可能正反映了人性中“妒忌”的恶毒。

当时“乌台诗案”是他的政敌刻意挑出他的作品，断章取义，曲解中伤。苏东坡自己在答复指控时，解析自己用典用语的作品，本身就是一部文字批评的著作。不才者对于胜过自己的人，竟可如此恶毒迫害！天生有才者，似乎就是让他们历尽苦难！难道造物忌才，正是命运对人生的嘲弄？怪不得苏东坡在小儿子出生时，发出“惟愿孩儿愚且鲁，无灾无难到公卿”的感慨！

这个世界大约只是平庸者的天地，有才能者与贤德者只存在于历史中，这正见证于当时！宋代士大夫，多有经国济世的抱负，可能也正因为读书人都有此抱负。宋代的政治，长期有派系斗争，有的是为了政策与理念，更常见的是为了争夺权力！

苏东坡不幸成为派系斗争的牺牲品。然而，也可能正因为他不时遭遇打击，又饱经人生辛苦，他才将真才华转向文学与学术，创作了许多非凡的作品。论幸运，那是人类文化史的大幸：宋人失去了一位贤相，人类文化却多了一株奇葩。幸运？不幸？但看评论人的眼光了。

这就是一个人的机运，今天苏东坡在文学史上的地位，正是因为他官运乖舛才得以实现，如果当初他一路顺风做到宰相，写的恐怕就是“吾皇万岁”的作品了。

岳飞：生不逢时的战将

岳飞（1103—1142），字鹏举，相州汤阴人，南宋抗金名将。岳飞反对朝廷“议和”主张，坚决抗敌，先后数次大败金兵，以致金人哀叹“撼山易，撼岳家军难”。最后被宋高宗和秦桧以十二道金字牌从前线召回，被冠以“莫须有”罪名，与儿子岳云、部将张宪同被杀害。

接下来谈一个了不起的人物——岳飞。岳飞被秦桧以“莫须有”罪名害死于风波亭。今天，西湖边上有岳王庙、岳王坟，还有秦桧等四人的雕像跪在那里。岳飞是千古英雄人物，大家都为他哀悼。

当时宋朝面对的是骁勇善战的女真人，对此，辛弃疾有“郁孤台下清江水，中间多少行人泪”这样的名句。郁孤台在江西，女真军队怎么会打到这么远的地方呢？女真人打仗的方式非常特殊，就像希特勒的闪电战，人数不多，但移动非常迅速，靠的是资讯和高速度的运动。他们袭击敌人时往往出其不意，更可远程追袭，这是金兵作战的特色，但是读历史的人很少理解到这一点。

金兵这种打法前无古人后无来者，甚至连建立横跨亚欧大帝国的成吉思汗都不是这样作战的。成吉思汗以大群的骑兵冲锋陷阵，沿途非烧即杀，使人不敢抵抗。金兵的战术则是以一支精锐部队，远道奇袭，乘虚而入，所以靖康之变中，金兵到了汴梁旁边，宋人还不知道他们是怎么来的，汴梁就陷落了，两个皇帝也被抓去了。

当然，这一问题跟北宋平常地方上没有军队有关系。宋人禁军，平常是不建军的，地方没有军队，所以当时宋朝不见军队，兵都是从扛木头、烧窑等做劳力工作的人中抽调来的，《水浒传》里称之为“贼配军”。北宋亡了之后，南宋匆匆建立朝廷，宋朝的军队主要分布在西北边，部分在东北，只有少部分南下，其余都陷在里面了。

民间自己临时组成了“四大将”，岳飞就是其中之一，他的军队人数相当多，是四大将中士兵人数最多的。他的军队也是靠兼并其他部队得来的，例如杨幺的部队。严格来说，岳飞也是一个小军阀。但是他很会打仗，纪律严明不扰民，颇得百姓的支持。他也确实是想打金人，恢复国土，并不是想扩大自己的势力。

在这样的背景之下，他和韩世忠等四大将的部队被官府整编为殿前的“国军”。一个大忌讳是他没注意到的，高宗本来在四大将领中最信任他，第一他能打仗，第二他的军队占的地方好，是长江的中游，可以保护下游，只要中游保住了，就不怕金人打下来，所以宋高宗对他非常信任。我们到台北故宫博物院可以看到宋高宗的字迹，高宗亲笔御书嘉奖他，我相信宋高宗讲的是真话。但有一个关口他出了问题：四大将里他和韩世忠的关系不怎么坏，但也不怎么好，和另外两个将军的关系则不太好，所以他就跟高宗说那两个将军嫉妒他，还说自己可以代替他们的位置。

从那时起，皇帝就对他相当提防，归根究底是他勇于任事、勇于求功种下了祸根。虽然秦桧有心害他，但也因为宋高宗有了防他之心，所以岳飞被害不单单是秦桧一人所为。

宋高宗一心想向金国求和，原因有二：第一，他手上没有好的军队；第二，他觉得南方的日子过得好好的，何必回到北方去呢？“直把杭州作汴州”啊！还有一个缘故是大家都知道的，如果徽、钦二帝都回来了，高宗还能安然做皇帝吗？高宗到底要不要让位呢？这样的事情历史上曾经有过：唐肃宗是唐明皇的儿子，唐明皇为躲避安史之乱曾逃到了四川，儿子没告诉爸爸就即位了，这就表明就算爸爸回来，儿子也不让位了。后代的明英宗被蒙古人抓去，景泰帝守城，群臣拥护他起来监国，后来还接掌帝位。英宗被放回来后，景泰帝几乎是把英宗监禁起来的。后来英宗又以政变方式夺回皇位。在皇位斗争的事情上，景泰帝与唐肃宗的矛盾心情，其实与宋高宗是一样的。

南宋朝臣对“国是”的争议，就集中在主战与求和之间，这也是南宋党争最大的题目。高宗始终支持求和，孝宗则希望恢复国土，就是主张要打回去。孝宗是被收养的，六十一岁才“真正做皇帝”，之前其养父高宗还没死，以太上皇身份管他，高宗死后，孝宗又做了两年皇帝，就让位给了儿子，所以，孝宗恢复故土之谋根本没有机会施展。宋朝朝廷上下整体气氛是求和不求战，岳飞在那个处境之下，又被皇帝疑心他想扩大自己的军权，因此他存活的机会也就不大了。韩世忠被解掉兵权之后，骑着小毛驴在西湖边上游山玩水，也是不得已的事。

后世讲到岳飞的战功，都会提朱仙镇一役，我们看岳飞报捷的文书，说是大捷，但从整个大战场看，那是小战。他们碰到的不是金兵的主力部队，双方动员的力量也不是很大。假如岳飞真成功了，他也可能像东晋时的桓温、南朝时的刘裕一样。东晋桓温带了军队北伐，到长安附近就退兵回来了，因为要急于回来篡位，所以没打成功；刘裕打到长安，也要回去篡位，改国号变成南朝的宋。从桓温跟刘裕这两个案例来看，如果岳飞真的做成了，也可能变成像他们一样，因为当时的高宗实在是无所作为。如果真是那样，历史对他的评价又将是另一种情况了。

这许多情势摆在一起看，有许多幸与不幸。刘裕自以为幸运做了皇帝，但不幸的是却得了个千古骂名；桓温之幸在于早死了几天，没有落得篡位的恶名。所以判断一人成功失败，走运不走运，就看是从哪个角度、哪个阶段以及哪个情势来看，其间评价也难一言定案。

辛弃疾：有志难伸而悲愤尽入词的将才

辛弃疾（1140—1207），字幼安，别号稼轩。二十一岁参加抗金义军，不久即归南宋，历任湖北、江西、湖南、福建、浙东安抚使等职。他在职期间上书《美芹十论》《九议》等奏疏，但未被朝廷采纳，还一度被当权者打击，不得不落职闲居于江西上饶、铅山一带。其词艺术风格多样，以豪放为主，与苏轼并称为“苏辛”。

辛弃疾的词与苏东坡的词常被同时提及，因此我们选取辛弃疾的遭遇，来讨论历史人物的命运。

辛弃疾，山东济南人，是宋代民兵首领。他出生时，中国的北方已陷入金人手中，南宋偏安。山东地处南北之间，有地方武力割据自雄，宋、金都管不到。那时，耿京率领的山东忠义军，据守山东，辛弃疾虽然少年时已登科第，还是参加了忠义军。经他劝说，耿京决定率部南归。辛弃疾奉命赴行在奉表联络，没有想到，耿京被部下叛徒谋害。辛弃疾回到军中，立刻集合同伴，袭击金人营帐，从宴席上擒奸，快马挟返行在。这一奇袭，宛如武侠小说中的情节，一时传遍南北。他率部归京时，还不过二十二岁！

辛弃疾在南宋的时间前后有四十六年，他死时六十八岁。高宗与秦桧志在偏安，并没有恢复中原的决心。辛弃疾南归时，原本盼望参加恢复大业，哪料到当权者根本没有这一打算。政府将他的兵遣散了，把他调到江西去做文官，所以他满腹牢骚。

当时由北到南的军民，号为“归正人”，他们其实还是颇受政府小人防范的。辛弃疾戏剧性地南归，更是招忌。因此，辛弃疾在南宋四十余年，几乎投闲置散，担任官职时也均在外任。他志存匡复，不断向朝廷提出攻守的计划。他的全盘战略，包括守住淮上，相机袭击山东，再由山东进取中原，一步一步，由练兵到筹饷等都有详密周到的规划，显示出他卓越的才华。

他在江西、湖南、福建的地方官任上，处处有建树，既能镇抚地方，内安百姓，也能练兵筹饷。这些成就，证明他的攻守大战略并非空谈，如果给他机会，他对恢复大业必能有重大贡献，也许南宋还真能驱除外敌、恢复故土。可惜，他的才能不得施展，反而不断招致攻讦，一生之中，被劾七次之多。

辛弃疾将满腹孤愤转化为长短句，成为南宋词家的重要人物。辛词雄浑豪壮、慷慨激昂，风格气质与苏东坡的词相近，遂能“苏辛”同列，为宋词的名家。在词学之中，辛弃疾运用词汇，不拘一格，经史子集、佛经道书、俚句俗谚，他都能信手拈来。因此，辛词字句活泼，形象新鲜。这种文学境界上的成就，一部分是由于他天生的才华，一部分是由于他有志难伸的郁积之气，还有一部分是由于他交游广阔，受不少朋友思想的影响。他的交游对象，大多是南宋的清流，包括陈亮、朱熹、吕祖谦等人，他们都是当朝执政者排斥的人物。自古物以类聚，同气相求，利欲熏心的掌权者，本来就不能容忍理智清明的仁人志士，薰莸不同器，岂止南宋而已！

他跟苏东坡一样，诗词写得最好的时候，就是他有志不能伸或是被贬谪的时候。他晚年的诗词看上去洒脱，其实是他最痛心的作品，每一句洒脱背后都是泪，但是这些泪都流到了内心深处，诗越是洒脱，内心其实越悲苦。他看到一江流水，就想到宋朝的王室被金兵一路追到江西，中间有多少血和泪，这些都是情感深厚的地方。

所以辛弃疾和苏东坡这一辈子都在悲苦之中，但留给了我们后代无数的文化遗产，读他们的诗词，如果心灵跟他们相通，真的要读一次哭一次了。像苏轼的《赤壁赋》，感慨的是人生意义何在，这与他自己的遇合问题就不相干了。辛弃疾的词感慨的往往是国亡家破，也不是感慨自己的遭遇。他们吟哦历史的诗词都是有所为的，都是感慨时局，而不是对自身怀才不遇的感慨。

辛弃疾一生郁郁不得伸展，在当时俗人看来，他的一生是不幸的。然而他将非凡的才智，转而投入文学创作，留给我们动人心弦的篇章，这是人类文化遗产的盛事，也是我们爱读诗词者的大幸。幸与不幸，也就全看日后从哪一个角度着眼了。

辛词众多，我建议大家挑选几首代表性作品欣赏，品味一下辛词的风格。

结论

历史人物应该分成三类来讨论。

第一类是像李广这样的人物，留下声名传后世，而即使在当时，他也有重要意义。好比司马迁，当时的人很多都对他给予同情，这毋庸置疑是因为他们对汉武帝的反感。

汉武帝用了自己的亲贵，牺牲大量军队，获得对匈奴作战的胜利。他对亲贵的封赏十分慷慨，那么那些战死将士的家属，又得到了什么呢？“一将功成万骨枯”，才换来大汉之声威。《史记》有许多段落都对汉武帝有不同角度的描写，如《匈奴列传》与《孝武本纪》。《李将军列传》更是明白地批判汉武帝，由此可看出当时的舆论。当然，这也可能是因为作者司马迁是李陵的朋友，也就是说，时人对李广的同情夸大了他个人的英勇事迹，借着他的遭遇来批评汉武帝。

岳飞精忠报国的事迹也是一样，是由当时对宋高宗和秦桧的批判转换而来的。因为这两个人的主张是求和，老百姓虽知战不见得会赢，却咽不下这口气，不能忍受江山陷于金人之手。南宋一朝都在和与战的辩论中度过，直到亡国。

当南宋将亡的时候，还想着能不能借蒙古的力量去消灭金人，结果等到金亡后，蒙古军一攻进来，竟还在想可不可以到国外借军队打回来。总而言之，和与战的想法始终纠缠不绝。也因为无法真正打胜，老百姓对岳飞勇于抗敌的事迹，就抱持着相当强烈的肯定态度，视岳飞为抗金名将，也是背地里对朝廷政策的不满。

第二类人物如诸葛亮、关羽，他们是因应当时的需要而出现的人物。《三国演义》重新塑造了历史上的人物，但他们的原型并非来自正史《三国志》，而是来自五代到宋朝的说书人累积塑造出来的形象，严格说起来，就是小老百姓对帝王将相的看法。他们想要鼓吹的，是一些信守忠义的英雄人物，所谓的忠并非对皇帝的忠，而是对朋友的忠。

五代十国战祸相循，军阀称王称帝。忠不是忠君，而是人与人之间的交情。维系五代十国社会的是人与人之间的江湖义气，靠着人与人之间可信赖的关系，才能存活下去。关羽代表义气，诸葛亮代表忠心，虽然都是针对刘备，却非君臣之义，而是朋友之义。也就是说，如果不是三顾茅庐的那种诚意，诸葛亮不会呕心沥血，为刘备的事业打拼，明知不可为而为之，撑住蜀汉的天下。诸葛亮是为了信守对朋友的承诺。关羽与刘备则是结义兄弟，他们之间有对朋友的一种长期的承诺，这是所有的纲纪伦常崩溃以后，维系人伦关系的最后一条纽带。所以在说书人的理念里，诸葛亮与关羽两个人是英雄人物，他们的事迹万古称颂。

在罗贯中的笔下，英雄事迹被写得更为周全。举个例子来说，关羽的兵器是青龙偃月刀，正史的记载根本不是这样，关羽用的是长矛。曹操有首诗提到“横槊赋诗”，槊就是长矛，当时将士们用的都是这种兵器。但是罗贯中创造了“青龙偃月刀”这件兵器，使得关羽的形象变得更威武。另外，诸葛亮的许多奇计也不是他想出来的，而是历史上其他人物的故事。这些故事被放在诸葛亮的身上，经过罗贯中的生花妙笔，竟深入人心、牢不可移。

回到刚刚的话题，周仓对关羽也是义气，他被关羽收服了，就愿意一辈子做他的侍从，在戏剧里的形象就是如此。关羽的形象越来越高大，甚至在名号中有了帝号，这都是一代代人加上去的，尤其清代加得最多。清代作战的根据都是从《三国演义》来的，清代的将领都要研习满文的《三国演义》，来当作教战守策。这并不奇怪，因为罗贯中本来就搜集了许多战场上的故事，情节不完全是想象的，不过有些不一定是在那个时代发生的。

历史人物有幸有不幸，后来的人往往要给前面时代的人一个评价。诸葛亮在南宋也曾得到很高的评价，当时讲的是五伦里的君臣正统。三国里，蜀是合法政权，而魏则是篡来的，朱熹的《资治通鉴纲目》里正统的观念就特别重；王夫之写的《读通鉴论》也强调了正统观念，这些都是因应当时人的解读需要。

第三类是苏东坡、辛弃疾之属的人物。他们之所以留名青史，不是因为别人对他们的主观评价，而是因为自己的文学艺术成就。苏东坡本来以治国平天下自诩，辛弃疾则志在挥军北伐，但两个人都没有做到，因而有一肚子的闷气。他们在作品中将不平升华了，作品看起来表达的全是达观、豪放的态度，其实体现的全是郁闷之情，这也使得他们的诗词特别有味道。

此外，如李清照，她带着大量的经典书籍往南去逃难，后来家、丈夫都没了，甚至无人知其下落。一船的书，换来的是载不动的愁，她的词却因此转化成赚人热泪的文学资产。李后主，他最大的不幸就是当上皇帝，他的荣华富贵最后也全没了，国破家亡，自己也死了。他的满腹怨气也升华成了不朽的文学艺术作品。这四个人，在事业上或生活中失败了，却将一腔情愁转化成了不起的文学作品。他们是将失败转化成了另一种成功。

所以历史人物的评价、历史人物的成就，很难用自己的眼光来看，也很难单单以当时来看，有很多都需要时间的酝酿才看得出来。苏东坡、辛弃疾，他们被称为“苏辛”，就是因为他们的才华实在高，他们对自己的失败、悲哀都有非常深切的感受，因而孕育转化成的文学作品也十分深沉而动人。

第三章

创业帝王

每个创业领袖都有其不同的创业过程及个人特质，能在群雄并起中得天下，是相当了不起的事情。而且我们还会发现，有些人的条件、基础不见得是当时最好的，最后却能脱颖而出，建朝立代。

从经营管理林林总总来看，创业几乎跟创建一个帝国差不多。创业者有的成功，有的失败，他们的经验在短短几十年内还很难看出长期成果，而且我们也很难把他们家里的事情拿来讨论，所以还真的很难就一时的成败归纳出确切规律来，也因此我用创业皇帝来讨论创业的领袖。

每个创业领袖都有其不同的创业过程及个人特质，能在群雄并起中得天下，是相当了不起的事情。而且我们还会发现，有些人的条件、基础不见得是当时最好的，最后却能脱颖而出，建朝立代。

汉高祖刘邦：眼光胸襟兼备，基业长青四百年

刘邦（前256—前195），字季，汉朝开国皇帝，也是中国第一位平民出身的皇帝，公元前202—前195年在位。“秦失其鹿，天下共逐之。”刘邦在萧何、张良、韩信等的协助下，推翻了秦朝，消灭了项羽等势力，于公元前202年称帝，定都洛阳，不久迁都长安，定国号为“汉”，史称西汉。即位后，刘邦继承秦制，实行中央集权制度。先后消灭韩信、彭越、英布等异姓诸侯王；迁六国旧贵族和地方豪强到关中，以加强控制；实行重本抑末政策，发展农业生产；又命萧何参照秦律，“取其宜于时者，作律九章”，为后世定下规范。

我们讲中国历史上的创业皇帝，如果从秦始皇开始也未尝不可。秦始皇虽然是始皇帝，但继承了六代秦王的经营成果和列国的体制，并不是真正的创业帝王。而汉高祖却真正是平民出身的帝王，不仅在中国历史上罕见，在世界历史上也是不多见的。汉朝的基业可以维持四百年之久，也很不简单，有它一定的道理。

汉高祖前半生很穷，他们兄弟四人，他是老三，家里是自耕农，住在当时的沛县丰邑，也就是今天的江苏丰县。他的两个哥哥都规规矩矩种田，他却喜欢交游、喝酒、耍无赖。后来，他到县衙门做了一个差事，差不多相当于今日派出所的警员，管理一个“亭”。一个亭很短，约十里路，他在这个地方结交了很多朋友，主要是一批县政府里面管人事、财务的人。这些朋友后来都很管用。

另外，他还结交了很多豪杰，这些豪杰也就是地方上的帮派势力。要不是当时时势相当乱，是没有人看得起他的，他在外面也不会成就什么大事业。

刘邦崛起的过程很戏剧化，在秦朝天下尚未大乱前，他要押送一批壮丁去骊山服刑，因为下雨无法走路，所以有一半的人都偷偷跑了。刘邦知道自己挽不回局面了，无法交差，就跟大家说，你们都走吧，我也要溜了，这些溜掉的人就跟他有了交情。当时溜掉的人都溜到沼泽、野地里面，这些人都是普通农民，没有什么领导经验，于是当过亭长的他就显得相当突出，加上他交游四海，就在那里组成一支小部队，等到陈胜、吴广揭竿而起的时候，他就打回沛县家乡。一到沛县，他的老朋友就开了城门让他进去，他就自立为沛公，就是县令。

当时老百姓反抗秦朝统治，是因为秦朝的徭役太重，要修长城，又要造阿房宫，还要建造骊山的秦皇陵等。我粗估当时全国的壮丁，有三分之一在路上，三分之一在工地里，剩下三分之一不能过日子，留下女人家下田锄地。

日子太苦，因此老百姓希望有人能出来反抗。当时第一波出来反秦的是六国后裔，就是残存的六国贵族或将军，比如，楚国带头起来的是项羽的叔叔项梁，他带了一批旧人起来反秦。而这时，在各地起兵的人里面，刘邦的队伍算是一支相当小的部队。

当时六国后裔当中，楚国的力量最大，报仇之心最切，所以有“楚虽三户，亡秦必楚”的说法。楚国的军队中，项家有带兵经验，因此六国起来之后，楚国的军队俨然成为领袖，而沛公的军队起于楚国境内，所以也可以说是属于楚国的一支势力，但是不成气候。

因为项羽作战勇猛，部队战斗力强，所以项羽的部队在六国中称霸，他就以西楚霸王的身份做了诸侯的领袖。但是，当军队打到秦朝首都咸阳时，第一批打进去的却是沛公的部队。当时约定谁先打下首都，谁就可以称王，这是一个很模糊的承诺，并没有说明由谁当皇帝，等到项羽的军队到达咸阳的时候，刘邦的军队早已入了咸阳。

这时就看谁的眼光好。刘邦部队中有一批曾在沛县府里当过公务人员的人，他们知道什么是要紧的事情，所以他们的部队不收财富，不拿金银珠宝，收的是地图、户口、税收的记录。有了地图，他们就晓得全国进兵的路线，知道哪里有什么资源；有了户口册子，就知道哪个地方有多少人；有了收税记录，就知道哪里经济实力强。可见，刘邦当年交朋友交对了，交了一批不是只懂得马上得天下的人。刘邦进咸阳收了这批东西，后来对他的帮助极大。

等到项羽的大军进来之后，诸侯大会决定大家收兵，各自封王，每个地方都有王，刘邦被封到相当偏僻的汉中，在今日的四川、陕西之间，称为“汉中王”，因此国号就叫“汉”。

在这里有一件相当重要的事情：张良是六国中韩国贵族之后，非常有学问，对六国的状况很清楚，刘邦找到张良帮他。这个过去跟刘邦没有关系的人，却对他推心置腹，帮他谋划。他会告诉刘邦，什么地方是什么情形，哪国的将军会带什么部队。

张良在跟随刘邦之前，曾经找大力士暗杀秦始皇，他要帮韩王报仇。这样的有心之人，结交的人都是英雄好汉，河北几个称王的也都是张良的好朋友。等到项羽在东方觉得自已很有力量的时候，他就开始骄傲起来了。这时，刘邦从汉中挥军出川开始往东打。

当时诸军将领各自封王，打来打去，已经开始自相残杀。而这批新起的人物，都不是贵族出身：九江王英布原是发配充军的人，彭越的出身也不显赫，韩信根本就是个要饭的。

韩信是刘邦扶植起来的，彭越、英布都在楚国的故地，都没有好背景，是靠群众力量而起来的。这时候就看出刘邦的眼光了，他善用这些跟六国无渊源的民间新部队，他跟他们说，我不做你们的皇帝，请你们跟我一起打天下，一起分天下，因此得到了一批庞大的资源，这些原本都是不可能在权力中心的人。

另外，他们的根据地也不是中原的实战之地，彭越、英布都是长江流域的人。刘邦带进汉中的淮楚人士不多，他收的部队多半是四川、甘肃的少数民族，包括秦朝关中留下的一些人，他们都从边缘郡县去攻伐盘踞中原的项羽，以及正在彼此斗争的六国后裔。

中原的军队都是腹背受敌，而刘邦用的是一批新生的力量，是一批没有后顾之忧的军队，他让这些盟军为了未来作战。韩信收了山东之后，跟刘邦说他要当代理王，要一个假王的称号。刘邦本来很生气，但是张良劝他不要动怒，他马上懂了，就跟韩信说，大丈夫当什么假王，要做就做真王，因此让他当齐王。刘邦舍得跟友军结盟，并让他们自由发展，这是他军事运用上成功的地方。他拉拢了原本不是朋友的人，这些人甚至应该是军事竞争上的对手，而且这些人的军事力量不见得比他小。比如，他派韩信去收山东的部队，收完之后，韩信的部队比他的还大。

所谓“大肚能容”，刘邦的宽容对创业之主来说是相当重要的条件。能容纳别人，能容纳竞争者，使竞争者变朋友，这是成功者的第一个条件。

第二个条件是，善待百姓。刘邦在进军关中的时候，路上遇到一个地方长老。地方长老欢迎他，跟他说秦国的法令很残酷，让老百姓过不下去，希望他的法令不要那么严苛。于是刘邦就跟大家“约法三章”：偷盗抢劫的罚，伤人的罚，杀人的死。就这样简简单单三条，使得老百姓不再恐惧一个大政府。汉朝四百年，管老百姓的法律确实不多，汉朝是气度最宽宏的一个朝代，它让老百姓自己管自己，这样的做法深得民心。

等到后来，刘邦成功之后，扫除异己，把韩信、彭越、英布一个个铲除。这是刘邦黑了良心吗？也不见得。这些人都是当时一起起义，要和刘邦共分天下的人，他们很难共容共存。

刘邦有一个地方很厉害：天下定得差不多的时候，有一次他跟张良在宫殿走廊由上往下看，看到一批批将军在宫殿外商量事情。当时还没上朝，他问张良，他们在讨论什么？张良说他们想反你。刘邦说，他们为什么想反我？张良说，你做了皇帝，他们得到了什么呢？刘邦问那要怎么安抚，张良说你最讨厌谁，就先封谁，这个人只要第一个被封，就算封的地方不大，其他人也都会心安了。于是刘邦就想通了，他大封列侯，每一家都封侯。这就是他宽容大度的地方了，所以汉朝的气氛基本上就是宽大，而且用人不在乎出身。

还有一件事，就是会计独立，这个制度是由刘邦制定的。刘邦有个一起打天下的朋友叫张苍，他把国家收支的所有账目整理了一份送到丞相那里，另外一份自己保留，他的位置相当于独立的总会计师。让会计独立，也就是说由丞相管理天下的政务，但所有的财务由另一个部门来处理，这个部门有所有财税进出的项目，有所有收支的项目。有这套完整的账目在手里，就知道怎么管理天下了。这个制度直到清朝才被废除，基本上，每个朝代都有一个专门管财政会计的人，这个人的职位相当于副宰相。

刘邦还把宫里的费用和国家费用分开，宫里的花费是皇帝的私房钱，国家费用是国家的开支，这个制度是和汉朝几乎年代相当的罗马帝国做不到的。欧洲宫廷用钱和国家用钱分开的制度一直到18世纪普鲁士兴起才建立起来。公元前两百多年由平民建立的王朝，可以立下这些大原则是相当不容易的事情。汉朝可以治理天下长达四百年，不是没有原因的。这些原则立下之后，中国历代的皇朝，除了通过篡位建立的小王朝，几乎都是跟着汉朝制定的制度在走。

宋太祖赵匡胤：以儒家仁政打造小政府

赵匡胤（927—976），宋朝的建立者，960—976年在位。后周世宗柴荣病逝后，赵匡胤发动陈桥兵变，顺利登基，定都开封。面对国内割据情况，赵匡胤采取先南后北、各个击破的战略，逐步实现统一。在位期间，他修文偃武，重内虚外，对宋朝“积贫积弱”局面的形成有一定影响。

我们接着谈宋太祖，至于唐太宗，虽然可以谈很多，但唐太宗不算创业，是他父亲创的业，而他父亲得天下也有点不那么光明正大。

京剧里有一出戏叫《千里送京娘》，戏中赵匡胤拿着一根木棒送他的情人回家。从这个小故事，我们可以看出赵匡胤并没有什么了不起的出身，他是世袭的军户人家出身。五代从后唐开始，朝代的转换都在将军手上。梁的创业之主是土匪，而唐、晋、汉、周的领导者原本都是北方胡人军队在胡汉合并后的军团将军。

赵匡胤的父亲就是这个军团的成员。这个军团很大，人也很多，跟近代北洋军阀差不多。赵匡胤是个中级军官的儿子，虽然军官并没有世袭，不过军官的儿子往往也多从军。赵匡胤投靠的是郭威。郭威是一个军团的司令官，后来起来夺取后汉的天下，建立后周。他在郭威部队里的力量越来越大，不仅仅是靠他自己，还靠他的结拜弟兄的部下。所以赵匡胤是从寄居在别人底下的第三把手、第二把手慢慢升上来的。

有人说，黄袍加身那件事不太光彩。其实，黄袍加身就是“兵变”，这种事情历史上发生过好几次，不只是发生在赵匡胤一个人身上。军队司令官带兵出征，军队拥立他当天子，回头攻城取得皇位。说他黄袍加身不光彩，是因为赵匡胤在周世宗柴荣死掉之后，从孤儿寡妇手中拿到了权力。

当时五代十国，五个朝代像走马灯一样，换个不停；十个国家，一个在北方，九个在南方，也都是各自称王称帝。赵匡胤在这个局面下改朝换代，让政权不再频繁更替；改变军队，让军队不再动不动就政变，拥立新主，这都是相当不简单的事。

他中断军人跋扈当权的局面，就是历史上有名的“杯酒释兵权”。那些跟他一起打仗的伙伴原本随时可能会起来反他，他却卸下盔甲，吐露心声，说做皇帝很苦，他其实并不想当皇帝，这些朋友要是反了，那他的孤儿寡妇怎么办？最后通过威胁利诱，让高级将领交出了兵权。

为什么宋朝可以世代相传三百多年？我们回头看五代，当时五代管辖的区域不大，不过就是今天华北平原的一部分，包括河北省的南部，还有河南、山东、山西、陕西一小块而已。当时的王朝没有一个人真正想到要用读书人做事情，要么用将军当宰相，要么是自己的亲信当宰相，但赵匡胤和弟弟赵光义是五代里面第一次真正用读书人当官的领袖。

赵匡胤有个老朋友叫赵普，他没什么大学问，只是一个学究，相当于《水浒传》里吴用之流的人物。赵普一直是军队里的文书人员，其实书读得不多，但他至少是个读书人，知道用《论语》治天下。《论语》治天下其实就是拿儒家精神治天下，也就是以“仁”治天下。赵普做了宰相之后，带了一批读书人，这些人的学问虽然不怎么样，但却是规规矩矩、知道儒家基本精神的人物。

赵匡胤派出征伐各割据势力的军队时，都不许军队乱杀人。这是安史之乱之后，两百多年来第一支不乱杀人的军队，这是相当了不起的地方，也是赵家可以得天下最主要的原因。赵普说“半部《论语》治天下”，《论语》薄薄一本书为什么值钱？值钱不在于字句，而在于精神，也就是仁政。

宋朝赵家管政府，管得相当马虎。因为怕军人掌权，所以军队几乎被解散了。地方上只有小小的自卫队，没什么用处；禁军虽然都摆在首都旁边，但是军队如果在军营里面住太久，是没用的。军队最好是活动的，经常轮调的，禁军老了就没用处了。所以基本上宋朝的武官没有实权。

他还怕文官夺权，所以宋朝有个古怪的办法，就是做什么官不管什么事，让这个官去管别的官事，再由别的官员来管这里的事，这完全不合情理。

一个官员有他的职位与薪水，但就是没有固定的职务，一个职务有两个人担任，这样是无法管事的，因此老百姓只好自己管。正因为宋朝的政府效率低得一塌糊涂，王安石才发起了变法。也因为政府管得一塌糊涂，所以老百姓就衍生出自己的一套制度来，一个是家族自治，一个是地方自治。家族自治是家族的慈善福利，家族自己管穷苦的族人、管好的学生等。地方自治，是由地方的长老搞个组织，一起做事情。直至今日，在山西、陕西交界的地方还有一个这样的民间自治团体，他们分配十一个村的生活用水及灌溉水源。他们村里的碑是从后周时代立起来的，至今有一千多年了。在这十一个村落中，有几个专家，水源怎么分配、怎么修改、怎么讨论，都由民间自己管理。

也因为宋朝政府治理效率低，老百姓都自己管，所以天下都还蛮好。宋朝的老百姓除了《水浒传》中描述的“贼配军”，日子都过得不错，而且到了南方以后更好，这也是宋朝可以维持下去的一个很重要的原因。放任老百姓，用今天的话讲就是“小政府大社会”，是一个社区的整体规划。这是宋朝民间自治最重要的力量，它能把老百姓家族、社区组织起来。

宋朝南渡之后，有两个皇帝被金人掳走，老百姓就大着胆子进入宫廷，看到碑上记载着三条纪律，要求每个皇帝即位的时候都遵守这三条：第一是善待柴氏子孙，因为他们夺了柴家的天下，所以要对他们的子孙好；第二是不杀大臣；第三是用读书人。所以宋朝虽然积弱不堪，但是在当时，宋朝的老百姓过得最好，因为都不被管！而当北宋垮了，两个皇帝被掳走后，全国的勤王之师纷纷起兵，因为他们难忘赵家的仁政。所谓的仁政不是有计划地帮人民谋福祉，而是放任人民去做。

此外，中国的历朝历代，像宋朝这样重视经济的相当少。宋朝有三个管财政的单位，叫作“三司”，这三个管财政的单位合在一起，称作“制置三司条例司”。宋朝由国家经办商业、企业，由国家开矿，民间开发由国家派人去监督，这三个渠道所收的税占了国家税收的大半。也就是说，宋朝的立国并不是完全靠农地的地租及农业税，而有一大半的收入来自工商税。这个政策也很了不起，它使得宋朝的经济始终向上发展，基本上改变了以农立国的风格，使得都市不再只是居留的地方，同时也是工商业所在。

宋朝之前的都市，是中央政府在各地用城墙把城市围起来，派兵监守周围的军事基地及行政基地。从宋朝开始，都市没有城墙了，街道不再是一块一块坊和里的分隔，而是和今日一样一条条的道路。城市风貌的转变，标志着经济形态从纯农业变成半（手）工业半农业。这个大转变帮助宋朝政府掌握了经济发展的脉搏。宋朝之所以会注意到这个方面，知道这里面有发展的空间，是因为宋朝的国土比唐朝小，四周的辽国、西夏拿走了一大块土地，而大理也是独立的。但为何宋朝不穷，是因为宋朝以经济立国。这一点值得我们参考，我们今日也是以经济为本，经济为本要有纪律，但不要有太多的约束，要让经济自由发展。

明太祖朱元璋：建立文人统治的小农社会

朱元璋（1328—1398），明朝建立者，1368—1398年在位。元末大乱，朱元璋参加农民起义军，接受谋士朱升的建议，“高筑墙，广积粮，缓称王”。在消灭陈友谅、张士诚、方国珍等割据势力后，朱元璋派徐达、常遇春率军北伐，同年攻克大都，推翻元朝统治。在位期间普查户口，丈量土地，奖励农桑，均平赋税，兴修水利，推行屯田。同时抑制豪强，整饬吏治，制定《大明律》，兴大狱，废中书省，加强皇权。

明太祖出身贫寒，曾经讨过饭，他成就了帝业之后写过《御制皇陵》，这篇文章是他口授的，写得相当白话，非常真实。文章诉说了他从小父母双亡、穷苦困厄、当过小和尚等潦倒可怜的身世，也说他在元朝大乱之后，从当时军队里的一个小兵慢慢爬升起来的经历。

明太祖可以开创一个维持好几百年的朝代，而且还是一个中国正统朝代中排名有份儿的朝代，他是怎么办到的？

首先是他杜绝了军人专政的可能性，解决了养兵太重的问题。军队打完仗后，他把军队（包括投降的军队）打散分发到各处，并成立卫和所。他给士兵土地，让他们种田，士兵自己养活自己。没有一个将军是自己带兵的，将军都被安置在首都，住在都督府里，出征的时候，就派将军凭着总兵官令到各地卫所去调兵。带兵的将军到某个地方，汇集这些奉派出来的军队，所以"将无专兵"。中国的历朝历代中，只有明朝没有军人专政的可能性，虽然明朝后来军费开支很大，但不是用在养兵上面，而是在其他方面花了不少钱。

其次是他善用文人。卫所制度使得明朝基本上有兵卫国，而没有养兵的费用。养百万兵，不花老百姓一分钱，就是用这个办法，但这不能维持长久安定。朱元璋起家的过程中，虽然打仗是靠徐达、常遇春这批淮西的朋友，但是他还有另外一批力量，那就是读书人。他从江北打到南京，以江南的财富建立基地之后，开始起用江南的读书人，这批读书人帮他立下了后来治国的基业。

朱元璋是个相当残忍的人，他怕自己的子孙太软弱，于是将那些和他一起打天下的老伙伴一批批杀掉，当时约有四万名将军和士兵被他杀掉了。他将这批骄兵悍将杀掉，为的是让他的子孙无后顾之忧。但他对文人好一些，这批文人帮他规划如何治理国家，帮他奠定立国的基础。

明初四大案

◎胡惟庸案　胡惟庸早年投效朱元璋，明开国之后，官至左丞相，洪武十三年（1380年）以谋逆罪被杀。洪武十九年（1386年）与洪武二十三年（1390年）又以胡惟庸通倭、通元罪追杀余党，韩国公李善长等功臣被株连，致死者共三万余人。经此一案，太祖废中书省，罢丞相官职，直接统领六部。

◎空印案　布政使司、各府州县官吏每年前往户部核对钱粮、军需供给等事，因路途遥远，事先开好空印文书。洪武十五年（1382年），太祖知道此事之后大怒，怀疑其中有弊，责令严查空印案。凡是与此案有关的部门及地方正职官员一律处以死刑，副职官员杖一百，戍边。受牵连者达万人以上。

◎郭桓案　洪武十八年（1385年），户部侍郎郭桓贪污浙西秋粮。案发后，朱元璋亲自参与审判，经查发现情节重大，赃款折合精米共达二千四百万石。郭桓及六部左右侍郎数以百人均被处死，追回赃物七百万石，连坐入狱者达数万人。

◎蓝玉案　蓝玉是常遇春妻弟，勇敢善战，功绩显赫，被封凉国公。后来因为恃功骄横，太祖欲去之。洪武二十六年（1393年），以谋反罪被处死，没入家产，诛灭三族，被牵连致死者达一万五千余人。

朱元璋有个措施相当重要。当时群雄并起，每个豪杰占领了一个地方之后，都是用军事管理的方式治理，夺取地方的财富，丰富自己的资源。但朱元璋不一样，他占领一个地方后，就用当地的读书人，这些读书人不见得有很高的学问，也不是什么有名声的人。他找秀才水平的人做地方官，同时掌握了一批愿意跑腿办事的读书人，让他们去查户口、丈量土地、查税籍等。因此当天下大定的时候，他很快就掌握了全国的资料，就是靠这些没什么了不起学问的读书人实现的。

所以他打天下用的是一批人，收集资料、编撰资料用的是另一批人。这批人从浙江的读书人开始，一直到全国各地的读书人，只要愿意帮他做事，他不问学问经历，照单全收，只要念过书就可以了。他的这个做法和刘邦的做法很类似，只不过刘邦那个时期全国各地没有那么多的读书人。明朝因为教育普及，所以当时社会上已有许多读书人。

这个时期的明朝没有巨额军费的负担，但有相当庞大的文人政府。明朝有一套非常公正的科举制度，特别讲究方法上的公正，只要肯读书上进，都可以借由科举获得提升。当时通过科举考试的年轻人，考上的第一个任务就是去纠察各地的地方官，看他们做得好不好。

由于这些人年轻气盛，天不怕地不怕，官小权大，大臣反而搞不过他们，京剧里面的八府巡按多半是这些人物。这些人是老百姓里面刚起来的新锐，他们还没有官场习性，也没有既得利益。靠这些人来监督官员的做法虽然不太好，但也有它的用处。明朝的宦官之祸是在后期，刚立国的时候明廷治理得很好。他用专家、用文人，又有一批人来监督他们，民情可通过监察制度做出回应，这使得官僚制度不会完全腐败。

明朝也有问题，那就是君主专制、严刑峻法，而且君主看不起别人，侮辱所有的臣子。朱元璋犯疑心病的时候，对当年一起打天下的老伙伴，想杀就杀，就算是大臣，他也不在乎。宋朝的仁，明朝是没有的。

因为明太祖是穷苦百姓出身，知道民间疾苦，所以他所做的一些大事是相当有道理的。他定下的《大明律》相当了不起。萧何制律之后，中国法律从约法三章发展成汉律六十篇，历代一条一条地逐渐增加。大唐律是一套规则完备的法典，所有的民法、刑法、亲属法等都相当清楚，可是大唐律有一个毛病，那就是它是有阶级性的律法，主人和佃户的关系就像主奴一样。

宋朝的刑则亦是根据大唐律写下来的，宋律基本上是唐律的延伸。明律则是重新写，将许多有阶级色彩的、不公平的地方改掉了。在明律中，基本上每个人的权利都是平等的，明律保护每个小农的基本权利，这些也是明朝能够在清兵入关之后相当长的一段时间内还能不断在南边反抗的原因。

明朝江南一带的富足，是16世纪以后的现象。明太祖时的江南虽然不错，但还没有那么富足。明太祖时也是南粮北运去接济边疆，但是把粮食从江南运到北方太麻烦了，于是官方把土地开放给老百姓屯垦，直接支援北方，等于是官方的屯田。这些都可以说是朱元璋在经济政策上的建树，虽然没有宋朝那么多，但也不算少。而这时候，海外的贸易相当活跃，虽然时而封海，时而开海禁，反反复复，但明朝的对外贸易始终在进行。没有大航海线以前，东南亚一带的贸易也是相当发达的。

明朝对于四周的藩属，基本上是继承汉唐的制度，但宽松了许多，等于是容许藩属自治。明朝朝廷就像大联合国一样，只要藩属规规矩矩，它基本上不太管，让它们自己管。当藩属有问题时，明朝也会帮它们解决，比如，有灾荒时会送粮送钱，对待它们相当公平。

明朝吃过一次亏。因为安南（越南）的王位争夺问题，明朝出兵攻打一个篡夺王位的军阀，但是之后因为安南战事不断，明朝只好退兵，就让他们自己去管，只要他们承认明朝是领主就行了。明朝与藩属国或其他邻国的关系也总体上相当好。所以在清朝打败明朝一百年之后，朝鲜还在想念明朝，不仅是朝鲜，安南、琉球都是如此，就连日本跟明朝的关系也不错。明朝是真正做到了不用武力的东亚盟主。郑和下西洋，带领大舰队到东南亚各地去，没打什么仗，也没杀什么人，就确立了东亚霸主的地位。明朝做盟主的惯例就是给得多拿得少，比如，琉球如果进贡了十万块，可以拿五十万回去，因此琉球人非常喜欢上贡。

清朝开国君主努尔哈赤：为小部族成长为大帝国奠基

> 努尔哈赤（1559—1626），后金创立者。万历十一年（1583年）以十三副遗甲起兵，逐步统一建州女真各部。在统一过程中，创建八旗制度，并命人借鉴蒙古文字创制满文。万历四十四年（1616年）在赫图阿拉即汗位，国号金，史称后金。

满洲人花了两代半人的时间，才统一中国。他们本是在东北的一个小部落，慢慢扩大到占据整个东北，用二十多万人的部队，慢慢打下了整个大明，他们究竟是怎么做到的？

满洲人的成功其实有很多原因。单单以领袖的才干来说，就足以引人瞩目了。当时明朝戍边的将军李成梁，在攻打建州卫的时候趁乱把努尔哈赤的父族杀掉了，努尔哈赤相当于孤儿出身。努尔哈赤召集了部族中很小的一群人，最终把天下打下来，相当不简单，自有他过人之处。

努尔哈赤不同于其他的满洲部落首领，他对向他投降的人推心置腹，不管是什么人，都可以变成自己人，所以他的部队只要打了胜仗，他的俘虏便都成了自己的部队。努尔哈赤大度豁达这一点跟刘邦是一样的，他把当时关外的汉人亦收罗成汉军旗，不把他们当外人看。所以当这群汉军旗的人入了关，他们不觉得自己是汉人，而觉得自己是旗人，觉得是在跟弟兄打仗。更厉害的是，他与北边一批批的蒙古部族，起先是在战场上较高低，后来是结婚联姻结成盟邦，把他们一拨拨拉拢过来。这样的工作到了康熙和雍正的时候还没有完成，过了三代人的时间，蒙古、西藏和满洲才结合成一体。

所以清帝国基本上分成两大部分，一部分是大清帝国，另一部分是由满洲、西藏、蒙古一同拥立的“草原帝国”，或者说是“马上帝国”。满洲大汗所统领的草原帝国的“首都”就是承德的避暑山庄，没有建造避暑山庄之前，那里是一个围场，就是打猎的地方，里面有草原、森林、湖泊溪流，也有山谷。打围是草原民族练兵的办法，也是大规模打猎的活动，大批的军队把动物赶到中间，借狩猎训练将士的身手。承德有个大围场，满洲的汗、蒙古的王爷、西藏的喇嘛都在围场汇集，那儿才是北半边真正的首都。现在承德还有八座供奉喇嘛的大庙，这些庙就是最好的见证。

这个两合的帝国有两套治理办法，北边采取结盟的办法，以草原上部落联盟的方式，来管理这一大片疆域，互相送礼、联姻、结拜等；南边则接收了明帝国的版图。这两个地方互相钳制，北边不顺的时候，就用南边的力量去打，所以南边的军队，在康雍乾的时候，被派去打新疆，平定回部；而开国的时候打南方不顺，蒙古军队就支援他；清末发兵打太平军或是八国联军的时候，也有蒙古军在帮忙征战。

我们若是把汉人当作这个“两合帝国”的主体，往往会忘掉这一点。清帝国有两个主体，互相钳制，也互相帮忙，构成了一个庞大的帝国。这个庞大帝国的疆域包括了今天的西藏、新疆、内外蒙古，这些都是汉唐两朝不曾真正控制或控制短暂的地方。汉朝打匈奴很少越过沙漠，在西域只是设都护。唐朝也不能真正治理那片区域，在西域方面，唐朝羁縻州府那一片是空的。等到伊斯兰教的势力起来之后，羁縻州府那些挂着唐代官衔的部落反而逃难到中原，而吐蕃，就是今日的西藏，更是一直跟唐朝作对。所以，只有清朝将汉唐多年来想并却不能控制的地方给并进来了。

清朝的开国者和前面介绍的创业帝王崛起的经过不一样，但安定中国的并不是努尔哈赤，不是皇太极，而是康熙。康熙起用汉人，沿用明朝的科举制度，整个明朝的读书人都为他所用，所以清朝基本上可以将整个中国治理下来。

若从满洲统一中国的过程来看，真正杀人如麻的大战没几场，只有江南吃了大亏，别处没有怎么打仗。福建没什么大战，倒是台湾打了一仗。满洲打华北，基本上也没什么大战，清兵到哪里，哪里就投降，只有江南抵抗。因为满洲人要改变汉人穿衣习俗，要汉人剃发梳辫，汉人相当不满，不过抵抗的事件并没有特别多。

附带一提，满洲统一中国有一个条件很少有人注意到，那就是运用现代的火器来作战。中国发明了火药，宋朝时，人们将炸药放在竹筒里，做些震天雷，这些火药武器用来打蒙古有不错的成绩。但是现代的火枪和火炮，是欧洲人用中国的火器加以改良做成的，中国发明火药后反而没有继续在这方面发展。

是谁带了第一批火器进中国的呢？是海盗。东南沿海的海盗是国际海盗，即所谓的倭寇，有日本人，有汉人，也有葡萄牙人，相当国际化，所以西方的兵船将火器带过来，中国的海盗也学会了使用。郑成功的父亲郑芝龙手上的舰队当时是东亚第一支舰队。明朝因为打了海盗船，所以懂得用火炮，把海盗船上的火器卸了下来，搬到山海关，改去打满洲。

谁又是中国第二批拿到火器的呢？在渤海湾里面有个皮岛，皮岛上有一支自己坐大起来的地方军队，明朝无可奈何，只好招安。这一批人里面有个头儿叫毛文龙，他在皮岛做四方买卖，打得赢就抢，打不赢就服，将朝鲜的货物以及西班牙、葡萄牙的海盗船劫到中国来卖，将中国沿海的粮食也劫来。当时不只是这批人，葡萄牙人、西班牙人、日本人都干这样的勾当。皮岛的毛文龙军队有十足的海盗作风，因此拥有很多的火器，明朝的军队在东北边境上与清兵作战的后期，大量使用火器。火器不够用了，还请葡萄牙人到澳门去铸枪铸炮，再运到北方去打。奇怪的是，只有东北边境上以袁崇焕为主的军队才有火器，其他人都没有。等到袁崇焕杀了毛文龙，毛文龙的弟兄就去投靠满洲，所以满洲有了一支强大的火器部队。清兵中的汉军部队，主要有孔（孔有德）家、尚（尚可喜）家、耿（耿仲明）家，包括后来“三藩”里面的两藩（孔氏死得早），他们的部队在满洲话里叫“乌真超哈”，是重兵器的意思。二十多万人的部队里面有这些拥有重兵器的军队打前锋，才让明朝各地的部队败下阵来。满洲确实抓住了当时世界潮流转移的关键，这是他们成功的要素之一。从根子上说，这与努尔哈赤大度豁达、重视招揽人才是密不可分的。

第四章

继统帝王

本来是靠权力，看谁的枪快、谁的军队凶，但到守成阶段就要看哪一个惯例可以持续下去。所以一个守成之主，要做到这样的事情，不是只有一代，而是要好几代慢慢做下去。

按照社会学的说法，不管在哪个朝代，创业之主本身往往具有charisma，就是说这样的人有一种威望，有一种说不上来的魅力，能叫人信服，还死心塌地帮他做事，这种charisma是难得有的。不管公家的事业还是私家的事业，创业之主多半是具有charisma的人。

不过，这种charisma不能转移，一个人天生的禀赋，并不一定会传给儿子，所谓“一龙九种”，也不见得每个儿子都有这种禀赋。既然charisma不能相传，那么在衔接的过程中，常有许多问题发生。皇帝要如何把权力交给儿子？下一代如何跟上一代衔接？换句话说，就是如何从个人领导转变成制度领导，把第一代创业时应需要建立起来的那些像制度又不像制度、像习惯又不像习惯的东西，转变成常设的制度。特别是在用人方面，要形成常设制度，而不是像当时打天下时，伙伴好坏都在一起。把私与公有界化，是相当不简单的事。这就是charisma的转移所必须面对的难题。

另外比较麻烦的是如何取得legitimacy。这个词的中文解释是“合法性”，但其实并不一定是法的意思，而是指的常规。大家觉得习以为常、应当如此，在一般人家里，这样的转移很简单，但天下的话就不是这么简单了。天下交给谁，要看老百姓服不服、合不合适，合适就要有legitimacy。

本来是靠权力，看谁的枪快、谁的军队凶，但到守成阶段就要看哪一个惯例可以持续下去。所以一个守成之主，要做到这样的事情，不是只有一代，而是要好几代慢慢做下去。

汉朝的文帝、景帝、武帝和清代的康熙、雍正、乾隆都是守成之主，情形有类似之处，但他们碰到的问题各不相同，解决的方法也不一样。

汉文帝、汉景帝、汉武帝：文宽景严，为武帝文治武功打基业

汉文帝：刘恒（前202—前157），汉高祖之子，公元前180—前157年在位。在位期间执行“与民休息”政

策，减轻田租、赋税和刑狱。后世称他与其子景帝统治时期为“文景之治”。

汉景帝：刘启（前188—前141），汉文帝之子，公元前157—前141年在位。在位期间继续执行“与民休息”的政策，改田赋十五税一为三十税一。进行“削藩”，平定七国叛乱。

汉武帝：刘彻（前156—前87），汉景帝之子，公元前140—前87年在位。在位期间接受董仲舒建议，“独尊儒术”；颁布“推恩令”，以削弱诸侯势力；设置十三刺史部，加强对地方的控制；采纳桑弘羊建议，将冶铁、煮盐、铸钱收归官营；设置均输官、平准官，由官府经营运输与贸易；同时兴修水利，移民西北屯田，实行“代田法”，促进农业生产。又派张骞两次出使西域，用卫青、霍去病为将，多次出击匈奴，使汉朝国势达到鼎盛。

汉高祖死后，吕后相当能干，但后人评价并不好。她嫉妒心很强，而且很残忍。她把高祖的妾整得非常惨，但她做起事来的确相当能干。她总觉得夫妻两人一起打天下，为什么天下是刘家的而不是吕家的？所以她有私心，要把娘家的人带出来，这就出现了高祖接班人惠帝与吕后之间的矛盾。

惠帝的性格比较软弱，吕后的性格很刚强，所以吕后就带了一大批内侄，也不管辈分，硬是要儿子娶辈分不相当的娘家人做妻子。这是不太合理的事，她的目的是要把权力转移给吕家。可是这样的做法并不被高祖的将军们接受，这些人认为，他们和刘邦一起打天下，是哥们儿，怎么可以把天下拱手送给吕家的人？因此，昔日高祖手下的将军和大臣就搞了政变，把政权夺回给刘家。他们甚至还定了一条律法：不姓刘的人，不能封王，只能当诸侯。

另外，当年和刘邦一起起来的英雄，后来都封了王，可是他们后来都想造反，其中功劳最大的就是韩信。这时候吕后就扮演了很厉害的角色，她在宫里把韩信处置掉了。吕后觉得她功劳很大，可以在宫里把“大元帅”随便处置掉，这就是搞阴谋嘛！

等政变结束，大臣们要找个刘家的人回来做皇帝。这些大臣就说，刘家的儿子很多，我们要找个脾气好、妻子娘家人不凶悍、妈妈不能干、舅舅无才无德的人，于是就找了本来在山西当代王的刘恒（文帝）。

代王要重新确立刘家政权的合法性，是确立刘家集团的合法性，还是刘氏子孙的合法性，这是很麻烦的事。如果要讲领袖的才干、魅力，刘邦手下大大小小的将军、臣子中颇有几个能干的，他们会想：我们是革命弟兄，天下是我们一起打的。因此他们会认可这个集团有合法性，而他们如果要抢这个天下，别人是拿他们没办法的。所以文帝面临的情势是既要赶走吕家人，又不能得罪拥立他起来的将军集团，还要肯定刘家的合法性，而他自己只是个无兵无卒的小王爷。那文帝该怎么办？

文帝先不动刘邦当年留下的规矩，先让大家安定，因为在打内战的时候已经有了十五年的动荡，老百姓根本吃不消。所以他采取的政策就是减轻老百姓的负担，简化法律，不向老百姓收费，不扰乱老百姓的生活。他派出去的地方长官都是老老实实、岁数比较大、不生事的人；他派出去的司法长官都是温和善良，不会陷人于罪，而会选择从宽判定的人。

文帝这样的做法相当重要，他为政宽容以至牢狱屡空。看看现在，世界上各处的牢狱都是人满为患，所以这件事相当不简单。文帝这个时候容易做到的，就是无为而治。他记得哥哥惠帝的一件事。因为惠帝性格柔顺软弱，而他的宰相是刘邦留下的能吏，名叫曹参。曹参本来是武将，后来文臣都没了，就由他当宰相。这个曹参天天喝酒，什么事都不做。惠帝就问他："你这宰相都做些什么事？"曹参就说："喝酒啊！"惠帝就质问他："宰相应该要多做一点事吧？"曹参就问皇帝："你认为我的才干和萧何比，哪个好呢？"惠帝说："你好像不如他。而我跟高祖比，我也不如他。"曹参就说："既然我们都比不上他们，何不顺着老办法呢？"这就是"萧规曹随"的由来。

文帝以惠帝为榜样，他不仅萧规曹随，还与民休息，田租减半，百姓负担轻了很多。这种仁厚与宽容的政策，使得刘家成了为百姓着想的皇帝。

文帝的母亲出身也不高贵，所以她相当知道民间疾苦。文帝的皇后也是个朴素的人。整个朝廷不太花钱，使得老百姓得以休息；国家也不做奢侈的事情，国家的基础就得以稳固。这是守成的第一步。

但这第一步有个问题，就是不能持续太久，久了之后，会没有纪律。而且朝廷不太管、百姓负担轻的时候，官员也不好做事情；民间的豪强没有法律管，会出现豪强欺负百姓的事情；穷人不能告状，就算告了，官府也是调和一下就算了，因此黑白是非不是很清楚。

当时经济复苏了，资本累积也相当快，所以出现了一些相当大的"资本家"。当时卖包子的、卖酱的都可以卖出几百万的家产。这是自由市场、自由经济，政府不太管，也不抽税，但坏处是大的企业起来之后，小百姓就倒霉了。这情形就像20世纪初的美国，法律松，是资本家发展的好环境，所以大资本家吃小资本家，美国的资本主义就是这样出来的。汉朝如果这样持续下去，说不定很早就出现资本主义了，这样贫富差距越来越大，百姓资产被夺掉，社会越来越不公平，此时需要第二代的守成之主，把这个情势转变过来。

天下就是这么巧！文帝一生宽厚，不过私人品行有待考证，他是蛮出名的双性恋，很纵容他的男同志。这些都是相当值得讨论的地方，但这是他的私生活，与老百姓的生活无关，也可以不去管他。

文帝的政策松到过于自由，确实会有社会不公平的情形出现，尤其是地方豪强鱼肉乡民。而他的儿子则精明能干，父子两人，一宽一紧，一松一严，做事风格完全相反。文帝用老成人，景帝用年轻人，用精明能干的壮年。景帝用的司法官员刻薄寡恩，法律条文越来越严，这恐怕是用来矫正已经相当腐败的吏治最有效的办法。在政策已经太宽之后，矫正豪强鱼肉乡民的事情，恐怕非景帝这样的人不可。

文帝时派出丞相史出刺，使之监察太守和监御史，而景帝真正贯彻了中央政权的统一，削除藩国，巩固了郡县制度，强化刺史监察诸郡。刺史就是丞相衙门里一些中级的官员，他们定期被派到各郡去巡视。汉武帝时，将全国分成十三个州部来考察，每州为一个监察区，设刺史一人。监察的大原则只有两个：官员有没有欺负百姓，大户有没有欺负小户。然后形成六条条文，即“奉诏六条察州”。但没有一个刺史是完全根据这六条条文来管事的，他们做事雷厉风行。这些刺史的薪水只有六百石，郡太守的薪水有两千石，这个制度等于是派下级的文官去课查上级官员，由于他们手上有丞相令，所以随时都可以把郡太守带回丞相府免职。

景帝在位时，他在整肃官政、清理吏治以及压制豪强方面颇有功劳。监牢里也关人，关的人中胆小百姓不多、大官富豪多，所以牢里也不太拥挤。

我们将文景两朝称为文景之治，一个宽仁，一个严明，所以文景两朝一松一紧，休养生息够了，然后又严明纪律，让汉朝整个安定下来了。因此在景帝的时代可以做到路不拾遗。但这种路不拾遗和文帝在位时不一样，文帝的时候，因为经济发展得好，所以大家不想在街上随便捡东西，而景帝的时候是因为官员管得凶。

经过文景两朝，到了汉武帝时期，遇到的问题又不一样了。祖父、父亲这两代累积下了空前的国家财富并开创了极为安定的局面，汉朝到了武帝手上，恐怕是当时全世界治理得最好的国家了，老百姓的生活水平比同时代的罗马高出不少。当时的罗马是欧洲最高文明的所在地，但是跟汉朝不能比：罗马城的市容跟长安城不能比，罗马帝国重要的城市与当时中国汉朝重要的城市也不能比。武帝生在这么好的环境，有这么好的条件，他想做的事情是真正建立汉家天子权威的合法性。

刘邦是打天下打出来的，打天下不一定很公道。刘邦打项羽打得并不公道，两边谈好了和，条约也签了，各自撤兵，项羽规规矩矩地往东撤兵，刘邦规规矩矩地往西撤兵，撤到一半，刘邦的军队回师往项羽方向追去。我们凭良心讲，这种事情是不公道的，但是争天下有时是不能讲良心的。当时的学者不断讨论，为什么秦朝这么庞大的帝国、这么能干的官员、这么能征善战的军队，统一了六国，却被祖爷爷刘邦通过农民起义夺得了天下。历史学家讨论，文人讨论，老百姓也讨论，这种讨论是要挖根的，说祖爷爷打仗打得并不好，不会打仗也不守规矩，说他从后面偷袭人家、杀俘虏等。这些东西，老百姓是不服的，因为心里不服，才会讨论。这种讨论多了，连武帝周围的人都在想这些事情。

景帝时代还发生了一件事，分封出去的刘家诸子有文帝的弟兄，有文帝的叔叔，等到景帝即位的时候，他们就想，刘邦打下的是刘家的天下，文帝从代王那样不起眼的位置被拱出来当皇帝，一点战功也没有，凭什么传天下，因此诸王造反。景帝时期的七国之乱，是七个王联合造反，其中就有很能干的吴王，当时刘邦很喜欢这个侄子。这些现象都是老百姓要讨论的：第一，刘家是不是合法的；第二，景帝之后，武帝凭什么上来当家。这些讨论使得武帝必须要找出一些理由来，他最后找出来的理由就是“这是上天给的”，上天从刘邦时代就把天命给了刘邦。

建立合法性就是宣传工作了。刘邦在世的时候，起义欲推翻秦朝的陈胜、吴广，就做过这样的事情，比如，在鱼肚里塞一张布条，布条上写着秦朝该亡了，然后把鱼杀了；晚上几个朋友喝夜酒，听到狐狸叫说秦朝该亡了，我们该起来了。这些都是当时留传下来的宣传方式，这些很素朴的小神话，很难让读书人相信。所以武帝时，统治者就编造出了一套循环论，说天命降给人间，是金、木、水、火、土轮流转，没有一个朝代是很长久的，每个朝代都要被更替。金、木、水、火、土转到现在，应该轮到土，就是刘家来管天下。这一套说法编得很好，但很麻烦的一点是：前面的朝代要派什么人，派了很多次，怎么编都勉强。

换句话说，整个事情并不好办，不少人下了很大功夫才搞出这套历史哲学。但这套历史哲学有一个问题：既然天命是把天下降给有德的人，让有德的人来治理天下，那么，刘家既然可以接替前面朝代治理天下，将来就还会有另外一个朝代来接替刘家，轮流不能轮到这一代就结束。所以，这套转圈圈的历史哲学，是以“天意”为基础的：皇帝做得好，是天叫他做得好，所以文、景两朝做得好是因为天派下来了刘家的子孙，让他们来代表上天做好的事情。

这套理论无巧不巧，很像我们社会学里面的韦伯理论。韦伯理论是替大资本家说话，说大资本家会发财是天命，天命让他能干，所以命中注定他会发财，而他发财之后，将财富回报给社会，回报给上帝，这就是资本主义的命定论。这与刚才所讲的王朝轮流管，其实蛮像的。

汉朝那个时代对王命论、天命论讨论得其实很多，人们会讨论前朝如何垮、后朝怎么兴，后朝如果和前朝做一样的坏事情，也是会垮掉的。贾谊著名的《过秦论》，主要讲要与民休息，待人民仁爱，说秦朝会垮是因为他们做了坏事，所以汉朝不能做坏事，将来如果汉朝做了坏事一定也会垮。贾谊写《过秦论》是讨论秦，但着眼点是给汉敲敲警钟。

武帝时代这些轰轰烈烈的讨论，还包括董仲舒的一套理论。董仲舒那套理论是大宇宙、中宇宙、小宇宙环环相套，与这套循环论一模一样。天上的星星是大宇宙，天、地、人也是大宇宙，国家是中间的宇宙，社会是小宇宙，人是更小一点的宇宙，宇宙之间环环相套，每一个宇宙都有一个平衡。这样的理论和今天所讲的内在平衡一样，要从不平衡中去寻找动态平衡。董仲舒的感应理论，就是大小宇宙环环相套，一环出现问题的时候，别的环跟着出现问题，出现问题要寻找平衡。

董仲舒是儒家学者，他从来没有学过社会学，他的理论却跟今日社会学、生理学、天文学所讲的内容一样。把他的理论总结出来，就是人世会影响天理，天理会影响人世，人不是迷信地被天所管，人同样也影响天。如果做错事，是无所逃于天的，此处不报应别处也会报应，而报应是整个动态平衡会自己打回来。暴虐的国家，暴虐的君主，注定要灭亡。对于这些理论（历史哲学、循环论的哲学及刚刚所讲的感应的哲学），汉武帝一朝讨论得相当热烈，它们影响了后世中国的政治。

中国人的人生哲学是宏观的，对汉朝来说，它的合法性是由文景两朝两代皇帝的表现建立起来的。天命就是这样的，不然怎么会有好皇帝出现呢？把这套理论倒过来讲，天命在这些人身上体现出来了。就像韦伯所讲的，我们命该有钱的，如果我们做得好，就会更有钱。一辈子辛辛苦苦赚钱，就是为了表示上帝对我有恩宠，我能干，我就是通过上帝的手来做这件事。一方面是有这个天命观，另一方面是被这个天命管住了，被这套哲学管住了。

武帝在这方面很像美国的肯尼迪，肯尼迪执政的时候，正是美国国势如日中天的时候。所以肯尼迪好大喜功，他要证明美国了不起，而武帝要证明汉朝成功。汉武帝打匈奴，通西域，通西南夷，好大喜功，花了很多钱，事实上事情他也做成了，一下子动员了不少能干的人，当时人才之盛也值得我们佩服。

此外，汉朝用人也有方法，开始时只是一个办法，后来这个办法成为考试制度的先声。汉朝最初征求贤才，派人到西域。通往西域的这条路从来没人走过，谁自认为可以出使西域，就可以报名，如果所说的办法行得通、有道理，就可以去试试。如果成功回来，要封侯、要赏金都可以，可以带一批军队去打仗，表现得可以就给你做。

不管是通西南夷、徙民到东南的会稽郡、出使匈奴出使西域，还是治黄河，都是广招贤才，不问背景，只问才干，真正立了功的也确实满朝封侯，所以武帝手上有很多大将、大臣没有显赫的出身，有的是因为他们提的建议有用，就被提拔了，有的是因为立了功就被封侯了。这就开启了一个制度，如果要盘问他们，就要考试了。所以汉朝定下的制度，对中国的后世有很大的影响。

董仲舒就是通过广招贤才出来的一个人。武帝听说有个叫董仲舒的人非常博学，于是请他来讲讲国家大事。董仲舒因此上奏了三篇文章，这就是“天人三策”，在文章中，他建议武帝应该怎么治理国家、选拔贤才应该怎么做，等等。皇帝听了觉得不错，就采纳了。这些建议中的一个就是后来的定期考试，从那时以后，全国每个郡可在二十万人中推选一人，送到首都参加考试，考完以后这个人就可以在朝廷里任职。汉朝宫廷内有太监，外朝则是这些考上来的人，他们或是当信差，或是看守门口，上朝的时候，这些人都可以在外面旁听、讨论，这一点相当厉害。他们听大臣们讨论政治，慢慢就学会了。如果有人可以提供一些建议，就会被派出去做事。这时汉朝如果派人出去做事情，第一年只做代理。比方说某人被派去当“某某市市长”，第一年并不叫市长，而是代理市长。第一年如果做得不错，第二年就可以成为真正的市长，但第一年如果做得不好，严重的话是要坐牢的。

汉朝选人的途径是“考”和“试”，除了考试，还要试用，这样的政策帮汉朝选拔出了不少的人才，这是把整个国家的人事管理制度化。其中的办法之一，就是考文官，这样的考试一直延续到清朝科举，甚至到现在的“公考”。另外，试用官员也是一个办法，也是很多朝代延续下去的办法。但汉朝有个办法是很多朝代没有用的，那就是在官员上任之初就要求他们立下一个军令状之类的文书，在文书中他们要答应做好一些事，一年后会有刺史来考问，看看是否每一条都做到了。

汉朝的官会一下子爬得很高，也会一下子跌得很低，这样的制度使得汉朝出现了二十岁当上郎官，三十多岁就当上丞相的，他们仅用十年就可以从最低阶的官升到最高阶的官。

对这位守成之主武帝，我们承认他的功劳，也责备他。责备他是因为他好大喜功，将祖父、父亲两代皇帝留给他的基业挥霍光了。不过还好，他留下了制度，使得继承他基业的昭帝、宣帝都还可以过日子。而武帝本身的私生活也很混乱，他的爱情故事很多。此外，他听信奸人谗言，想要害自己的亲儿子，亲儿子没办法了，只好造反，所以他后来颇为后悔，但这些都是后话。

文、景、武三代守成之主，是一代一代、一步一步促成这种境况的。这个汉家天下，从公元前206年持续到公元220年，其中文、景、武三朝有近百年的时间，正是这三朝将汉朝的天下稳定了下来。汉家天下约有四百年，就因为它的基础扎得稳，不仅让汉代可以存活下来，而且对于中国历代政治，即使是一般的风俗习惯也有长远的影响。这个朝代从创业之主到守成之主，功劳都相当了不起。罗马也是这样，但是仍不及汉朝繁荣。

康熙、雍正、乾隆：康熙文治武功，雍正苛严，乾隆继康雍开盛世

康熙：爱新觉罗·玄烨（1654—1722），顺治之子，1661—1722年在位，为政宽简。八岁即位，十六岁擒拿权臣鳌拜，康熙二十年（1681年）彻底平定三藩之乱，两年后收复台湾。康熙二十四年（1685年）出兵驱逐盘踞雅克萨的沙俄军队，前后三次出兵征讨蒙古的叛乱势力，有效维护了国家统一。

雍正：爱新觉罗·胤禛（1678—1735），康熙之子，1722—1735年在位，为政苛严。在位期间，设军机处，加强集权；实行“摊丁入亩”，废人头税；在西南少数民族地区推行“改土归流”；设驻藏大臣，加强对西藏管辖。

乾隆：爱新觉罗·弘历（1711—1799），雍正之子，1736—1796年在位。在位期间编纂《四库全书》，借机销毁、篡改大量对清政权不利的书籍；屡兴文字狱，加强思想控制；六度南巡，浪费无度。后期任用和珅，朝政腐败，国势日下。

康、雍、乾三朝，和我们先前所讲的文、景、武三朝非常相似。康熙的前面是顺治，顺治是一个小皇帝，没有做什么事就去世了。康熙的所作所为和文帝一样，宽仁，与民休息。康熙一朝累积资本，获得民心，康熙以后就很少有人想再做明朝遗民了，老百姓死心塌地地当清朝百姓，因为日子过得不错。

但是康熙一朝的吏治其实很糟，官贪吏污，因为康熙皇帝并不管这件事，谁爱贪就贪，只要日子过得好就行了。所以康熙一朝老百姓基本上日子都过得好，但是贪官污吏过得更好，地方豪强过得也非常舒服。康熙朝满人在北边圈地，将河北省（清时属直隶、热河、察哈尔等省）圈掉了一大半，河北省一般的农民被圈成了佃户，所以也有倒霉的人，老百姓的生活也是两极分化。

康熙和文帝一样，以好的生活、好的经济收服了民心，养了一批富人和有权者。康熙相当长寿，活了六十九岁，管了天下六十一年。中国难得有这么长寿的皇帝，做皇帝往往都不长寿。

康熙之后是雍正皇帝，他像汉景帝一样收拾烂摊子。雍正时期政治严酷，纪律严明，他只能这样做，因为当时国家穷、国库空。雍正登基的时候，国库基本没钱，虽然康熙自己并不太浪费钱，但底下的大臣过得太舒服。

虽然国库很空，但雍正要做的事情很多：要打蒙古，要和西藏来往，还要维持满、蒙、藏的体系。清帝国是双轨制，满、蒙、藏和皇室直接联系，所以要拿大清帝国的财富维持满、蒙、藏的体系，要用满、蒙、藏的军队来维持大清帝国的安定，这需要花很多钱。

另外，黄河经常出问题，黄河在明朝治理过一次，那一次治得很好。但是人口增多后，黄河上游被慢慢开发，水土遭破坏，黄河下游就又变得一塌糊涂。治河是件大事，花了不少钱。

对外的开拓与治理黄河就用光国库了。雍正必须想个办法开源，他想的办法就是，收大官的税。康熙原本睁只眼闭只眼，不收大官的税。明朝有优待士绅的办法，清朝继承了下来，到雍正时，他把大官、士绅当成田地一样，也要课税。另外，他还清大臣的贪污账，如果查到贪污，就将大臣的财产没收，他常常去抄大臣的家。

雍正还立下了一些章程，他做的和汉景帝几乎一样，定下了京察制度，去考核大臣的品行、成绩、是否贪污。他会不定期来一次大检查，检查官员的操守、作风。京察是针对中央官员和首都官员的大检查。有时候雍正会特意派一些人去查某一省的官，目的是寻找财源。

雍正和汉景帝几乎一样，活的时间也很短。雍正好不容易留下了一笔家当，到了乾隆时期，乾隆皇帝就跟汉武帝一样，大花特花。不过武帝为自己花的钱并不多，除了在嫔妃身上多花了些钱，其他方面并不奢侈，武帝花了大笔的银子在治理河道和对外开拓方面。乾隆也花了不少钱在对外开拓，但不清楚具体是怎么花的，康熙收复台湾没花多少钱，而乾隆打台湾的林爽文却花钱如流水。所以在花钱这件事情上，乾隆和汉武帝也很相像。

另外就是，乾隆也要找合法性，他的做法就是大批大批地修书，修中国的书；他还多次往南走，来显示清朝皇帝对汉人的关心。因为当时国家最重要的经济中心是江南，所以乾隆南巡不完全是玩，而是要让江南人看到皇帝的关心：清朝的皇帝，就是汉人的皇帝。在找合法性方面，乾隆和汉武帝的行为很类似，不过武帝用的是天命论，乾隆用的则是尊重孔子的方式，这种事康熙也同样做过，他们都上孔庙祭祀孔子。乾隆对孔府相当尊崇，以至有传言说孔府的孩子和乾隆家的孩子是互换的，当然这些都是没有依据的。

乾隆朝对汉人的拉拢，也是为了确立自己的合法地位。北京有座庙，叫历代帝王庙，去北京玩的人大概很少知道，这个庙修复了三年，在2004年重新开启。历代帝王庙从明朝就开始有了，乾隆将历代帝王庙修得比明朝的时候更好，是想证明清朝接替明朝是合法的继承。从黄帝开始一直到清朝各个皇帝在帝王庙都有位置，乾隆也是要以此证明自己是传续下来的皇帝，并非外来的。在这座庙里，还有南北朝的皇帝，他挑选好的皇帝摆在里面，证明中国的皇帝都是好皇帝，这个做法用心良苦。读者如果有机会可以去北京看看历代帝王庙，其修砌的工程不亚于皇宫，一座石碑大概有8米高，相当令人惊叹。历代帝王庙里崇祀的是创业之主、守成之主及文臣武将等有功之人。这座庙的建立，是要告诉大家，做皇帝要做好皇帝，做大臣要做好大臣，好朝廷里有功劳的文臣武将都可以摆进帝王庙中。帝王庙中的人物由后世皇帝亲自来祭祀，就像祭拜自己的皇家宗庙一样，所以清代的康、雍、乾和汉代的文、景、武就像是镜子照出来的一样。这倒也不一定是模仿，是因为社会发展到一定的情势，就会有相应的需求，有需求就会有相应的做法。

第五章

人类追寻生命意义的经验

人类在各时期对于人生价值的追寻方向是否有所不同？不同的重点在哪里？不同文化又有什么样不同的追寻途径？未来是否能有共同的、世界性的趋向？以这个题目作为开头，与读者一起思考人一生都需要思考的问题。

史前时代对于生命的注意

人类在各时期对于人生价值的追寻方向是否有所不同？不同的重点在哪里？不同文化又有什么样不同的追寻途径？未来是否能有共同的、世界性的趋向？像这样关于人生价值探讨的题目很大，不可能一次讨论穷尽，只是以这个题目作为开头，与读者一起思考人一生都需要思考的问题。

史前时代的人类，以生殖与死亡的各种礼仪作为探索世界、通天达地的途径，由此发展出许多神话与传说来安顿“人”的地位与处境。

由于史前时代没有文字记载，人类是否曾产生对人生价值的思考，我们并不知道。从他们所遗留下来的一些看得见的证据来看，旧石器时代的人类虽然居无定所，但对死者也有一定的处理程序。他们对生命终结的躯体有所处理，意味着他们可能认为在躯体以外，生命还有一些抽象的意义。

到了新石器时代，村落族群已然形成，这时候人类的愿望有二：一是和自然沟通，一是使死者长留。为使死者长留，会有许多准备工作，例如准备陪葬的财富以及费心地建造墓地。有“葬仪”，便表示当时人类相信生前与死后是延续的。至于宗教的仪式，大多是为了与上天（自然）沟通，例如高塔建筑的用意即是离天较近，祈愿容易上达上天。以中国东北的红山文化为例，其庙堂与墓的四周埋有空底陶罐，这是象征通天达地；再如浙江良渚文化出土器物中的玉件，常雕有凤鸟图案，“飞翔”与“高”的概念都是为了与自然沟通。可见古代人类就已开始思考“生死”的神秘、“生命”的来源及死亡后生命的延续，这也反映了古代人类想要获得通天达地能力的愿望。

虽然我们不知道史前人类思考的过程，但从传说与神话中确实可以印证，当时的人类需求已经远远超出吃饱穿暖的生理需求范畴，他们早已开始寻求如何做一个人，以及人为何是人的答案了。

中国文化圈以外的经验：两河文明

吉尔伽美什（Gilgamesh）是两河文明时期常见的故事主人公，故事以楔形文字刻在泥版上，存在于当时至少十六种不同语言群的文化圈内。这个故事的内容是：一个国王集聪明、智慧、武艺于一身，是独一无二的，但是这个国王却非常寂寞，因为天下没有能与他平起平坐之人。上天为此降下了一个与他势均力敌的英雄，两人经过一番激烈的打斗，仍分不出高下，于是他们结为兄弟，建立了无数功业。但是天降的英雄后来生病死了，国王不禁想："这么伟大的英雄，跟我一起建立无数功业，现在却死了，那么，活着是为什么？生命的意义在哪里？"国王于是开始寻求生命与死亡的意义。国王想：为什么不能叫那英雄回来？为什么他离开以后，一切都变得毫无意义了？

这是流传于公元前3000年的故事，如果以它的母本推算应更早。当时这位国王已经开始寻找"长生不老"的方式，他找到了挪亚（挪亚方舟故事里的主角），请教他如何才能长生不老。挪亚说他并非长生不老，只是被死亡遗忘了，如果国王真希望长生不老，有一种树叶或许有效。国王便摘下树叶，回程半途树叶却掉到溪水中，国王领悟到：人终不免一死。于是行德政，建设城邦，因为这个国王认为长生不老不是遗忘，而是积极留下什么让人民记得，这就是不朽。

曾有一本书，头尾均已遗失，存留的部分只有一段主人与仆人的对话，主人可以说是要什么有什么：佳肴、美酒、女色、财富、权力……而面对主人的要求，仆人也是百依百顺。有一天，主人因为什么都有了而感到无聊，便对仆人表示出想死的念头，仆人依例表示赞成，主人便要仆人先死，并在死亡的道路上，为主人做准备……下文我们不知，但《圣经》的《约伯记》中有相对应的故事，为这本书扩展了一小部分，故事的主人公最后臣服在上帝的面前。这一故事也表示古人会问在世的生命："活着做什么""其意义安在"。

《汉谟拉比法典》是目前能找到的最早的一部成文法典。这部法典可以说是以神授为中心，其基本的精神是报偿主义，即人要对自己做的事负责任。《汉谟拉比法典》指出，人间社会有一个神给我们正当秩序，以保障每一个人的权利，而在这权利背后则隐含着每个人应有的尊严，并且受到神的保障。两河流域文化认为，人类社会（而非个人）有一定的价值，如公平、正义。人类社会有着善与恶的对抗，所谓“善”与“恶”是一种代表性的说法。善恶二元观念与两河流域地理环境的对比有密切的关联，例如淡水与海水的对抗、河流与沙漠的对抗、生与死的对抗。这种“两元对比”的观念深深融入他们的思想当中，所以他们的思考方式也是二元化的。琐罗亚斯德是古代的一个教派的教主，他将这种二元思想整合为哲学，影响深远，后来波斯人信仰的祆教，也是由此衍生而来。

中国文化圈以外的经验：埃及文明

公元前14世纪，埃及国王阿肯那顿（Akhenaten）进行宗教改革，倡导一神论。阿肯那顿从小体弱多病，身体畸形，与其父感情相当不好。或许是为了对抗父亲，阿肯那顿提出一神论，他认为世上只有一位唯一真神，即太阳神，万物的生命皆承恩自太阳神，天下众生是平等的。这一观念与所罗门诗歌中的记载及其所体现的精神相通。但在当时信奉多神论的埃及，阿肯那顿的宗教改革失败了，这种一神信仰后来由摩西承续了下来。

犹太教"唯一真神"的精神是生命之下众生平等。生命本身是神圣的，每个生命都是可贵的，这种思想进一步影响了基督教的信仰。但是犹太教传布的对象只限犹太族，其"唯一真神"是部落神，这与阿肯那顿的观念有很大不同。后来经过犹太人三次亡国、两次大离散，犹太教借着犹太人到处迁移而向外扩散，此时部落神才渐渐获得普世神的地位。

基督教吸收了两河文化、犹太教以及古希腊哲学的思想，其中最重要的观念便是人与神的直接联系，人因神恩而存在，因神而具神圣意义，所以人生在世就是神圣的存在。

中国文化圈以外的经验：印度文明

在古代的印度，雅利安人入侵之前，印度原住民已经有很高程度的文明，即哈拉巴文化。哈拉巴文化没有文字，但有遗迹，从遗迹中我们得知，当时印度已经有无数的村落，其城市设计、街道规划相当发达，城市中公共会所、广场、商业、住宅皆很完善。特别是哈拉巴文化的城市规划，展现出整齐划一的秩序，显见其文明早已高度发展。再从其留下的符号可以看出：第一，当时的印度人对天象、天体、树木的成长（即生命）有一定的关注；第二，他们可能也已开始思考如何与伟大的超自然力量沟通。

公元前1500年至前1000年，雅利安人入侵印度，他们征服了印度，为压制印度原住民而设立阶级制度。婆罗门教便是严格的阶级化宗教。

雅利安人属印欧民族，他们原是拜火的民族。婆罗门信仰则保留了雅利安人的原有信仰，也混合了原印度次大陆居民的文化。《吠陀经》《奥义书》中有复杂的仪式，其中记载了种种可以使人脱离肉体获取精神自由的药物或其他方式。阶级分化后，因婆罗门僧侣依附并操弄政治，且过于腐败，而有了佛陀的出现。

印欧民族征服印度后，城乡发展分离，乡间因食物不成问题，形成自给自足的社区形态，彼此不太往来，社群单纯。同时因生活容易，所以人们易与自然环境亲近，人与自然融合，所有生物有平等的权利。

婆罗门阶级以及僧侣为专业知识分子，靠社群供养。在无后顾之忧的情形下，这些知识分子能够有余暇思考抽象的问题。他们主张精神本身就是存在，其余都是虚幻。婆罗门教、印度教与佛教皆主虚幻，这与两河流域文明的虚空不同。印度文明所指的虚幻是原本就不存在的“空”。

我们说佛陀有“悲”的精神，为我悲也为人悲。但佛教原求的是“自悟”，后经中亚传入中国后，才在自度之外发展出以救人为主、“为别人摆脱苦谛”的救赎理念，而成为“大慈大悲”。现在佛教在印度本土失传，反而在中国得以流传。

两河文化、埃及文化与印度文化的共同之处是：都是个人的、一对一的。两河文化讲“人”和“神”，不涉及社区与社会。人从神处得到神圣的存在，要对神负责，因人有罪（所有不满足、不快乐、没有完成之处便是罪），所以要靠神来救赎，以脱离世态。印度的宗教（婆罗门教、印度教、佛教）也是个人的，强调精神的自由、精神的独立。个人的轮回是对单一的个人负责，印度只有转世，没有上代下代（如中国的父债子还）的观念。印度宗教中，婆罗门、印度教重视仪式，佛教则主悟解，后婆罗门教改革，促使印度教吸收了原本向婆罗门教挑战的佛教精神，而成为新印度教。但不管重仪式还是主悟解，印度文化都在寻求精神上的自由。到了最后，依佛家语，便达到“涅”之境。

第六章

现代人的困境与人生出路

这种人生的意义便是：人能够在活着的一生中成全自己也成全别人，过着丰丰满满的日子，而不是追逐空虚、无意义的东西。“我”与四周和谐互动，才能造就真实快乐的人生。

现代人面临的困境

经济世俗化驱走社会价值

所谓“市场经济”，要追溯到资本主义萌芽的时代。16世纪初，欧洲的商业化便已相当显著，也因为商业化，才有了资本主义，以及后来欧洲各国向世界各地的开拓。中世纪基督教会长期统治欧洲，但始终有一股世俗的力量不愿向教会低头，这一世俗力量存在于城市、工商业社会以及当时的教育机构（现在大学的前身），于是便形成了世俗对抗神圣的斗争。

当资本主义兴起后，世俗化的工商业社会便压倒神圣性的社会，造成近代人的价值观显著的转变。在中国，儒家并非宗教，且入世很深。但入世之中对特定价值仍极为尊崇，虽然在中国无神圣与世俗对立的情形，但当近代欧洲文化（特别是西方教育思想）传入后，中国文化也同样因这股世俗化的强势力量而产生了重大的改变。

世俗文化能摧毁教会的神圣性，亦能摧毁世界各地原有文化的神圣性。尤其随着近代工业与科技的发展，“过更舒适的生活”成为一大诱惑，人们太过重视物质生活享受，也就导致一切向“钱”看的资本主义思潮弥漫全球，赚钱的动机举世皆然。然而，欧洲在资本主义初期，赚钱的动机与宗教的神圣性仍有相当密切的关系。如加尔文教派为证明自己是被上帝挑选之人，在现世生活中必须有所表现，赚钱只是为了表示自己能够成功。加尔文教派信徒大多勤奋而简朴，且其所得均能回馈社会。简言之，市场经济带来的世俗化，使人类原本舍命防卫的一些价值观念失去意义，“神圣”也就为“世俗”所取代了。

都市化造成人际疏离与个人失落

都市自古即有，如中国春秋战国的临淄、汉唐的长安，古希腊的雅典、罗马帝国的罗马城等，然而古今都市最大的差别在于，现代都市的“流动性”很强，以前很弱。以中国汉唐时期的长安为例，其都市依街道区隔成方块状的单位（现在仍可自日本地址上的“町”“丁目”等名称一窥当年唐朝城市规划的形貌），人的居住区域与职业密切相关，而且非常固定，流动性不大，这个现象古代东西方的大城是一样的。

到了中世纪，都市人口的流动性便显著增加，至近代愈甚。18世纪以来商业资本主义大行其道，连职业也不再固定，工业生产的机械化使货品与财富快速流动，而人口也随着公司行号的设废与工厂的兴衰移入又移出。居处不固定，造成现今邻居彼此不相识的情形，而都会交通运输大量吞吐，人群拥挤且陌生，形成了社会学家口中的“lonely crowd”（寂寞的人群）。社区结构离散，缺乏嘘寒问暖、守望相助的社区精神，人也失去心灵上的依归。由于个人的失落，人们也就不再问“究竟为什么过日子”“我过的是什么样的日子”，只晓得朝九晚五、上班下班，一旦空闲了、病了、老了，人际疏离与价值失落的问题也就跟着显现出来了，这就是现代都市人的通病。

科学主义现象压缩宗教信仰

这里所说的“科学主义”是科技文明当中的一种现象，而非科技文明本身。科学主义指的是对科学近乎盲目的信仰，以为科学绝对可靠、前途无量，科学代表无穷的进步，不容怀疑且可解决一切问题。这一现象的发生可溯及18世纪法国启蒙运动的开展，这种科学主义思潮的核心是人类的知识是确定不变的，因而人们开始编纂百科全书以为后世指南，这个运动又被称为百科全书运动。这种观念随着西方文明的扩张推及全世界，如中国五四运动中高举的“德先生”与“赛先生”的旗帜，其中的“赛先生”指的便是科学（science）。

事实上，真正的科学家是不会挑战宗教的，如牛顿便有深厚的宗教情怀，爱因斯坦亦始终对自然存有崇敬之心。但是一般迷信科学的人却摒弃、排斥宗教。我们不否认有些宗教确实带有迷信色彩，但宗教不等于迷信，迷信也不等于宗教。然而，在五四运动提倡的“破除迷信”中，却将宗教与迷信画上等号，此误解一直影响至今。这股压缩宗教的科学主义力量可谓十分强大。

文化多元性排挤过去单一的文化信念

过去的人是生在、长在、老在、死在同一个社区里，也在同一个文化体系里，因此所接受的是单一的信念，不会对它产生怀疑。但是当不同文化体系的人开始接触之后，冲突与矛盾也随之产生。第二次世界大战之后，各种文化的交流更是频繁。现在的人在多元文化的影响之下，不再相信上一辈的格言或信念，也会质疑本身所处文化体系的价值。

以上四点造成了全球性的困惑。而中国台湾除了这些，还有本身历史环境衍生的独特困难，如因认同的危机、快速的经济发展与都市化而产生的对未来的迷惘心态等。

现代人面对的课题

在上述困境中，有几个课题是我们必须面对的。

一是天人之际。由于科学主义盛行，人类总以为自己对宇宙足够了解，不再有过去“举头三尺有神明”的敬畏，也失去了对自然的感动。人类损害环境，对上天的赐予不断侵夺、藐视并滥用，甚至用生物学的知识侵犯生命的神圣性，只为了满足自身的享受。对此，我们应如何调适？资源有限，若不调适，终有穷尽之日。

二是人我之际。由于人人都身处孤独的人群之中，因此没有感觉到对他人的责任。只想到自己生长的空间，希望自由，却没有思考自由背后的责任问题。因此我们迫切需要寻找一个规范，使人、我都能得到适当的调节。

三是快乐的定义。快乐是相对的。现代人常常不知道什么是快乐。以我个人为例，当年抗战时期，粮食不足，所以只要有一天日本飞机不轰炸，有顿安定的饭可以吃，我就已经很快乐了。今天的人因为要什么有什么，反而要问：快乐在哪里？这就像一个新的电脑游戏软件，寿命只有四十五天，快乐似乎也变得稍纵即逝。物质欲望被满足的同时，精神欲望却常被忽略，人们也就不知快乐何在了。

四是有没有“进步”？当达尔文的演化论被进一步诠释成一种所谓的社会进化论后，人们相信人类社会与文明一定会进步。但是从前面所提的困境以及所要面临的课题中，我们不知道人类这一路走来，究竟是往好的方向进步了，还是向坏的方面趋近了。我们迅速地“动”，却不知动的方向，进步的意义丧失了，所以现在要重新构建我们的方向。

上面四项可说是人人皆需要面对，又迫切需要答案的课题，也是整顿自己的思想，寻求安身立命之所时所必须要审视的问题。

现代人可以发展的观念

我们可以发展的观念包括以下几点：

套叠的多种网络系统

我们必须理解我们与大自然，以及大自然与宇宙其实是息息相关的网络。人体的各个器官、组织连接成一个网络，彼此勾连，这个网络是完整而自足的，内部的各个部分也是互相依赖的。扩而大之，人与自然也是互相依赖的。没有自然环境的资源，人无法生存；同样，没有“人”，四周“环境”的存在也失去意义。延伸至太阳系乃至宇宙都是如此层层叠叠的网络。正如系统论中提到的蝴蝶效应，一只南美洲雨林的蝴蝶，一拍动翅膀，有可能影响远在得克萨斯州龙卷风的形成。又如人类发明DDT（又名滴滴涕）以灭蚊，连带伤害了其他昆虫，导致鸟类缺乏食物来源，影响了整个食物链结构与生态系统的平衡。因此人和周围的社会环境、自然环境乃至宇宙系统都是息息相关、密不可分的。理解了这种天人、人我之间层叠依存的观念之后，人也就不再感到孤独了。

重新检视“科学主义”，以及科学的客观性，正视主观，正视“心灵”

所谓重新检视“科学主义”，就是把科学家所理解的科学原貌而非一般印象中的“赛先生”还给大众。

《纽约时报》科学专栏里曾有一篇讨论“大爆炸”的文章。“大爆炸”理论说宇宙原是由一肉眼所看不见的、极为微小的质点爆炸扩散所形成（目前这种扩散依然在高速持续进行中），此说已为现今多数天文物理学家所接受。

文章中指出：第一，大爆炸出现后，宇宙沿着爆炸的向量不断向外扩张，其扩散呈现一定的模式；第二，爆炸之后，“能”与“质”是不断互相转换的。上述两点似乎证明宇宙的发展是可知且可测的。但是文章作者提出一个更根本的问题：这些可知可测的模式是如何决定的？如果是人类想出来的，那么是否表示人类的思想在大爆炸之前即已存在？这个问题其实可以回到中国老子的《道德经》：

> 道可道，非常道。名可名，非常名。无名天地之始，有名万物之母。故常无，欲以观其妙；常有，欲以观其徼。此两者，同出而异名，同谓之玄。玄之又玄，众妙之门。

其中讲道：在先天之前有“道”，“有”之前为“无”，“无”之前则有“道”。可见真正优秀的科学家，在探讨问题时都会回到哲学性的问题，而这也是所有宗教信仰的出发点。通过这种哲学性的思考，人们会发现自己没有那么大的自信，也就不会产生粗暴、轻蔑的态度，面对自然与宇宙时，也会谦卑得多。

动静之间

在快速发展的社会中，人们几乎找不到时间静下心来，或是回头看看，想想自己是不是应该为这个世界、为四周环境，也为自我找份安宁。这与上面的两个问题，都是我们可以做，却鲜有人去做的。

现代人可以构建的行为趋向

身为现代人，我们可以试着用下列几个趋向来构建自己的行为。

发展潜力，成己达人。成全自己包括不毁损自己，并将禀赋的力量发挥到极致，同时还能去成全别人。而成全别人则是佛教所说的“度人”、基督教里的“爱人”，也是儒家的“己欲立而立人，己欲达而达人”的道理。

重建互动，使个人不再是寂寞人群中的孤独者。如果能做到第一点，那么这一项就很容易达成。也就是人与人之间不再冷漠，人与人相处时，彼此多一分尊敬，乐于多管一点闲事，愿意主动多付出一点，这样自己也就不会感到孤独。

从“己所不欲，勿施于人”出发，重建诚信相待的道德基础。这一点是上面两项的基本原则。人与人总有基本的互信，以此推而广之，将心比心，在日常生活中便可以逐步建立诚信相待的相处模式。

能做到这三点，在人类社会系统中也就不会感到孤独，不再无所依靠，心灵也可以获得安宁。

综合以上所论，我们可以发现人类过去累积的经验，到了今日，仍具意义。

人在神前谦卑，有助于减少人类的傲慢与妄动。所谓“在神前谦卑”，指的是人对宇宙，对不可知力量存有应有的尊敬，跟环境建立亲密的互动，懂得欣赏环境的美，而非仅知攫取与破坏。

人与自然融为一体，有助于建立和谐的顺天观念。中国人对于天的观念本来就是“顺天”、顺其自然。而印度教的“天”与“人”本身是不分离的，所以天人的关系应该是和谐的。

儒家的人文思想，应当转化为现代的人间伦理。张载在《西铭》里提到的观念，“乾称父，坤称母；予兹藐焉，乃混然中处。故天地之塞吾其体，天地之帅吾其性。民，吾同胞；物，吾与也”，很容易就能转化为现代的人间伦理。

施舍并济，福慧双修。“福”是“施”“舍”，但“施”并非只是钱财或权力的“施”，我们需注意到其中还有“舍”，“舍”是舍弃自己，不要只把自己摆在中心位置，把自己放矮一点，便会发现天地很大、宇宙很大。以

“施”与“舍”求得“福”。而“慧”是领悟了解，去悟解佛家色、受、想、行、识五蕴皆空的道理。若能一步步寻求悟解，我们便能得到生命中的安宁，活着的时候生活顺适，去世的时候心境安宁。

这种人生的意义便是：人能够在活着的一生中成全自己也成全别人，过着丰丰满满的日子，而不是追逐空虚、无意义的东西。“我”与四周和谐互动，才能造就真实快乐的人生。

第七章

探索中国文化中的人生价值

人生的意义归结而言，一在成全自己，二在成全别人。人不管是身为个人或为全体人类中的一员，都有机会、有能力充分发挥自己得到的天命与禀赋（也就是“性”），主人就是你自己的心。

秦汉之前的人生价值

商周之际：天命与道德的意义

中国对人生价值的探讨，在新石器时代就已经开始，但真正的突破应该是在商周之际。周本来是地僻兵寡的小国，却战胜国力及文化水平都高出自己许多的商，这一结果使当时两国的知识分子开始思考。周的知识分子想的是：为何小国胜利了？而商的知识分子探讨的则是：为何大邑商败了？

后世的文献记录虽以周的立场发论，但商代知识分子也有参与。周人以为周能取代商乃是“天命”，因为上天是公平的，并不特别偏爱一族，也就是说，“上天”并不是部落神，也不会单单庇佑一族，所以上天拣选有诚心、有道德的周，用周来取代腐败的商。上天决定由周继续担任整顿天下的责任，这便是属于王者的“天命”。“天命无常，惟德是与”，唯有德者才能承受天命。这个觉醒大约发生在公元前1200年，可算是中华文明的一大突破。

孔子时代：仁与人性、天命与禀赋

古人说：“天不生仲尼，万古如长夜。”孔子的言论蕴含深刻的哲理，千百年来深深地影响着我们。孔子的学说以“仁”为中心。“仁”的原意是美好的样子，也是男子的美称，后来由孔子赋予了其新的定义，“仁”便成为人应有的内涵，为人人皆有的高贵品德，并非贵族独有。

孔子说天命即“性”。命者，令也。天命不是皇族的权力，而是上天给人的命令，也就是使命。孔子认为每个人都有使命，这使命是上天赋予、生而有之的。孔子将王者的天命推及一般人身上，天命就是人性的一部分。为此，人必须努力从事内心的自我修为，也就是终生求仁。

在《论语》中，弟子发问的三大项目为：问仁、问政与问学，其中“仁”是孔子最为重视的，孔子关心的是人的内涵须与天所给的禀赋（“性”）一致。

孟子与墨子的辩证：个人与社会

孔子之后，墨子对上述偏重个人内心的论点提出驳斥。墨子认为，人和人相处必须遵循一定的“道理”，也就是公义。人间的公义也是天降的，社会成员的言行受天降的公义指导。墨子言必称“上帝”，俨然一派教主的气派。孟子则仍重视人内在的“性”，孟子认为人虽有外在种种不同表现，但其“性”则一也，所以力主“性善”。两个人的思想在个人内在省思与社会制约两方面有显著的差异。

《礼记·中庸篇》：天、命、性

《礼记·中庸篇》第一段就说：“天命之谓性，率性之谓道，修道之谓教。”简单地说：天命叫作“性”，顺着性发展叫作“道”，培养前面所谓的“道”就是“教”了。看起来不难理解，其中却有一个大问题：何谓“天命之谓性”？在湖北郭店出土的一批楚国文书中就有足以说明之处。竹简上有一句：“命由天降，性由命生。”这八个字正解答了我们的疑惑。“命”是由“天”这个超越人间、超越自然的力量给予人的，“性”是在得到使命后的“禀赋”。

子不语怪力乱神，但儒家的信念仍是从一种神秘的、天赋的力量而来，并归结在人的身上，天与人是有交流的。所谓“天、地、人”三才，人既居其一，可知人的地位很重要。

孔子说人性是贵重的，每个人都有个人特性，也有共通性，人能自重自尊自贵；人有特殊使命需要执行，如不然，则是糟蹋自己。这种观念与西方的宗教有很大不同。基督教认为，人是神所创造的，人是卑微的，在上帝面前人要臣服。人没有使命，人只不过是伊甸园里一种自由而有特权的生物罢了！孔子这种对人的看法，与西亚、南亚有根本上的不同。

汉代的天人思想

阴阳互济，五行相生

汉代董仲舒整合了先前已有的若干思想，包括儒家、道家以及阴阳五行思想。

先说阴阳。中国的阴和阳两个力量是相辅相成的，不是对立相克的。这与之前提到的西亚的二元对立（如淡水—咸水、沙漠热风—山间雨水）不同，中国是阴阳二元互补。阴阳学家的思想应自新石器时代的生殖崇拜而来，如陕西铜川李家沟遗址上，就曾出土过一件陶制的阳具。有些发掘出土的阳具还是和死者一起埋葬的，可见古人认为生与死是连续的，而阴阳两性交合就会产生新的生命。

五行是指金、木、水、火、土。一般推测，五行是青铜器时代才产生的观念，因为铸造青铜须自“土”里开采出矿物（铜矿、锡矿是为“金”），以“木”为燃料起“火”，用“火”将矿（“金”）熔成流体（“水”），因此铸造青铜器要同时用到金、木、水、火、土这五种元素。故五行在中国人的观念中是合作的、轮替的，而不是对立的。

天人感应，环环相扣

孔子不讲阴阳与五行，但阴阳五行学说经过春秋战国的流行，到汉代，其观念也被儒家学者接受，成为形而上学的哲学观念。董仲舒对这几种学派进行了整合，这是中国历史上第一次思想的大综合。天地间的大宇宙所形成的系统网络，包括天象、自然等各种力量彼此呼应。这种现象也表现在国家的构建上，政府的各部门既分工也互补；社会也是如此，各种行业、社群互相配合、彼此协调；人体的系统则是大宇宙的反映。在董仲舒的天人感应理论中，大至宇宙、国家、社会，小至人体的各部分，都是互相呼应的。

这种阴阳五行的观念使中国人对人生的追寻归结到自然秩序上，人生的意义就在反映自然秩序的和谐。对照西亚系统的“对抗”说与南亚系统的“虚幻”论，中国的思想与之有很大的差异。西亚、南亚的观念彼此不关联，而中国的思想可以分别联系西亚、南亚这两方，同时又有所不同。

宋明理学的理与心

理、心由二而一

中国人对人生意义的追寻是落实在人自己身上的，是人本身的责任。因此到了宋明理学时代，朱夫子告诉我们这是“理”，是天地间的大道理、大原则，需要人自己寻求与体认。“理”处处呈现。朱熹的“理”与“心”是分开的、二元的。“理”是客观存在，“心”是主观的追寻。王阳明将两者合为一元，他认为外面的理与内部的心是同一件事，“理”由“心”来悟解，由心致良知。“心”“性”之学，又回到孟子的立论上了。

千年来的思潮至此不再解释为什么天地间有种种现象，而是直接指出人如何活得像一个人。因为人必须在身上、心上体认天道，这是每个人最重大的使命。中国人没有教主，因为每一个人要对自己负责，每一个人都是自己的教师、自心的解释者。

张载《西铭》：总结儒家人生观

让我们从张载的《西铭》来综览儒家对宇宙人生的解释：

> 乾称父，坤称母；予兹藐焉，乃混然中处。故天地之塞吾其体，天地之帅吾其性。民，吾同胞；物，吾与也。大君者，吾父母宗子；其大臣，宗子之家相也。尊高年，所以长其长；慈孤弱，所以幼其幼。圣其合德，贤其秀也。凡天下之疲癃残疾，茕独鳏寡，皆吾兄弟之

颠连而无告者也。于时保之，子之翼也。乐且不忧，纯乎孝者也。违曰悖德，害仁曰贼，济恶者不才，其践形，惟肖者也。知化则善述其事，穷神则善继其志。不愧屋漏为无忝，存心养性为匪懈。恶旨酒，崇伯子之顾养；育英才，颍封人之锡类；不弛劳而底豫，舜其功也；无所逃而待烹，申生其恭也；体其受而归全者，参乎；勇于从而顺令者，伯奇也。富贵福泽，将厚吾之生也；贫贱忧戚，庸玉女（汝）于成也。存，吾顺事；没，吾宁也。

第一句“乾称父，坤称母”点出阴阳二元，这二元是互补的。渺小的我存在于阴阳之中，所以天地间充塞的便是我的身体，天地所弥漫的道理就是我的本性。天下万民都是我的兄弟，天下万物都是我的朋友，这些形成一个庞大的网络系统，包罗大宇宙与个人相应的关系，人顶天立地于宇宙之中。

“大君者，吾父母宗子；其大臣，宗子之家相也”，讲的是国家层次。一国的统治者是代表父母来管家的，而政府里的大臣则是辅佐的人。这“父母”并非指狭义的家庭双亲，而是对应上文的“乾”与“坤”，因之国家也是一个网络系统。接下来“尊高年……皆吾兄弟之颠连而无告者也”则是社会、群我的层次。对年长者尊敬，对孤弱者慈爱。人群中的“圣”者乃行为符合最高道德标准之人，而“贤”者则是人群中的优秀分子。至于身有残疾乃至鳏寡者，都是我受难无助的手足。

从宇宙、国家到社会这三层网络都是由“我”来统合的，又都以血缘的家庭来比喻。

“于时保之，子之翼也”讲的是按照时间进展而有春生、夏长、秋收、冬藏，以及生、老、病、死等自然现象，我们要帮助这些人走过去。“乐且不忧，纯乎孝者也”，是说那些尽孝者可以一直快乐不感到忧虑。这里的“孝”亦非仅指对父母之孝，而要扩而大之，不拘于一家之中。若有违背就是不道德，伤害仁心就是“贼”，帮助坏人叫“不才”，而能实践的人就可称为“肖子”。

“知化则善述其事”讲的是知道什么是变化，并善于体认它；“穷神则善继其志”讲的是找到问题的精神所在与主要脉络，就是找到能延续生命的人。“不愧屋漏为无忝”，是说面对屋内通天达地的空间（即天光之处）不觉惭愧；“存心养性为匪懈”，意为人对天赋予之性要培育增长，不能懈怠。接着，作者则举出崇伯之子、颍考叔、舜、申生、曾参和伯奇几位古代知名孝子的事迹，阐述人尽孝的对象不仅是亲生父母，更要扩大为对宇宙、自然秩序的责任。尽孝的方式包括不享乐、作育英才、不懈怠、恭顺并且爱惜自己等。

“富贵福泽，将厚吾之生也”，人对天赐的富贵福泽不可轻忽，必须培植、增长，使其更为厚实。“贫贱忧戚，庸玉女于成也”的“女”是“汝”，也就是“你”的意思，这句是说过着贫穷卑贱烦恼生活的人不可丧志，这是上天要成全你、考验你，琢磨你这块璞玉，直至发出光泽。“存，吾顺事；没，吾宁也”意为活着是自然的，离开人世，是安宁的，也就是说，活着要完成使命，使命到了尽头时，我可以说我活着的时候已经尽了力。

这篇文章可以说总结了儒家的人生价值。

慎独与处世

上不愧于天，下不愧于人，内不愧于心。为人要有慎独的功夫，不在乎个人在人群中的声誉。重要的是当你独处的时候，面对镜中自己的时候，要对得起自己，对得起“天”。“对得起”并不是做够了，而是没有做错；无心之错尚可，但存心之错则不应当。

达则兼济天下，穷则独善其身。当自己得志显达的时候，要努力帮助别人，这种愿心是一辈子的。所以“达”是机会，如：为官者，有机会造福社会大众；为师者，有机会开导学生；为人父母，则有机会教育子女。而“穷”则是在没有机会的时候，做不到“达人”的时候，至少要独善其身。

人生的意义归结而言，一在成全自己，二在成全别人。人不管是身为个人或为全体人类中的一员，都有机会、有能力充分发挥自己得到的天命与禀赋（也就是“性”），主人就是你自己的心。成全自己，即是内圣的要求；成全别人，则是外王的任务。

第八章

天道与人心

一个是不可知的天道，一个是人生下来就有但是“病”了的心，这个心是你的七情六欲，是人所有规范的来源，所以天道与人心在这个情况之下是相通相连的，天道就在人心。

宗教

何谓“宗”？何谓“教”？

“宗教”这两个字是从日本传过来的，不过词源是在唐朝时期出现的。“宗”，源于唐朝佛教的许多宗派。其实南北朝时期就有很多宗派了，南北朝的宗派是靠一部部的经典区分的，因为当时中国得到的佛学经典都是零碎散乱的，哪一位比丘带回来一批什么经，他就立一个宗，然后以这部经典为主要依据，去演绎一套佛学的理论。因此每一宗不一定是一个学派，它只是偏重于来源，可是每一宗都有一点自负，认为自己是正统。到了唐朝唐三藏取经译经以后，宗派就有了很完整的理论系统。

本来在祖宗崇拜和天神崇拜时，“宗”是一个场合，是崇拜的庙堂或祭坛，有“宗”的地方就特别可以得道，或者可以得到神祇的庇佑，或者有足可与祖宗交通的特权。“宗”所在的地方，可以以超自然的力量，提供给宗教活动的领袖一份特殊的神秘权力，其他的支派，就是小宗对大宗，他们总是会仰望信奉的。“宗”这个字就是这么来的。

而佛教徒认为，佛教虽然在类别上是一个宗，但他们比儒家、道家要来得高。“宗教”就是信奉者所宗奉的一个教，教就是教诲、崇奉的一个神学系统，等于说是软化的系统。当西方的宗教（religion）出现的时候，日本人就把“宗”与“教”合起来当作这个名词的翻译，当成所宗奉、崇敬的一套软化系统。

我们知道，近代许多西洋社会科学的中文名词都是从日本借过来的，而日本的汉字里却有很多都是望文生义造出来的。像“宪法”这个词，在《尚书》里就有了，是作为楷模、模范的意思出现的。明清时，“宪”是指官家的法令、权威，所以“大宪”就是表示官很大的意思。在中国字眼里，“宪”已经不是《尚书》里体现的意思了，日本却用它来做位阶最高的法律，而我们再借过来用。“宗教”一词是日本借了中国字，中国再借回来翻译西洋名词，这是一个很迂回的过程。

宗教的功能

宗教的功能，可以从许多不同的方向去看。最大的一个功能，就是对我们不可知的事情做出解释。许多我们不了解的事情，我们要去追溯它的来源，一切都有因，起源在哪里？权力最后的授予者在哪里？人的一生所要经历的变化，所有的病痛、灾厄，都是我们不可知的。遇到暴风雨时，我们在旷野中会感到很无助；亲人死亡时，我们也会感到很无助。宗教的功能就在此彰显，我们在不可知的方面要去找一个解释，不管它是符号也好，代名词也罢，总得整理出一套东西来填充我们智慧所不及之处。

功能之二是软化。我们要找出人与人之间一起过日子的方式，就是在社会上的价值、人和人相处的价值、人和自然相处的价值、人的时间观念的价值。这套价值要放在一个系统里面，天天提醒我们。这种种价值的来源，会归结到一个神授的或是不可知、不易知的领域。

这就是宗教的两个意义：其一是认识论、宇宙论方面，其二是社会学方面。世界上大多数的地方都有信仰，但不见得都有宗教，很多地方是有信仰而无宗教的。例如求取明牌、拜一些民间的神，这等于是跟菩萨做买卖，拿个大猪公去跟菩萨交换乐透头彩，其中就没有严肃的宗教意义。《韩非子》里就有这种说法：你拿一个猪头、两块布去买终身富贵、终身无忧无虑，这种买卖谁跟你做呢？以信仰换取利益是交易，不是宗教。

此外，马克思说宗教是人民的鸦片。马克思只说到信仰的部分，并没有说到宗教社会学意义的部分。马克思活在人类对自己的能力非常有信心的、乐观的年代。欧洲从启蒙时代以后有许多新发现，科技逐渐发展，工艺也发达到可以进行机械生产，所以欧洲人非常有信心，觉得自己可以得到一切。这个时候已经有知识的人，或是已经看见机械生产威力的人，会觉得自己已经掌握了一切，所以不觉得有宇宙论或知识论的问题。但我们现在没有那么乐观，所以宗教情绪可能比以前更有意义。

宗教的要件

宗教的基本设定

在宇宙论和知识论方面，我们要找一个超越和终结的终极信仰，在儒家里我们称之为“道”；在基督教中称之为“logos”，也是等于道的意思。甚至近代哲学里也有这样的东西，像康德有个终极的命令，但终极的命令是谁给的？是自己的理性给的。这样的东西超越时空、超越人的智慧，却是由我们设定的。

任何宗教都有一个设定，这样设定的东西就变成第一个因、最后一个因，变成《新约·启示录》所谓：“我是阿拉法，我是俄梅戛。”阿拉法（α）和俄梅戛（Ω）分别是希腊字母中第一个字母和最后一个字母，是开头，也是结束。

这个道，或者上帝，或者“logos”，或者真理，或者终极命令，都是我们设定的。这个设定形成了一个框框，里面放置着许多我们不知道、无法解释的东西。虽然今天我们在自然科学上取得了很高的成就，但是越是有成就的科学家，越是把那个盒子摆在那里不敢去碰。因为每一个成就高的科学家都晓得，他知道得越多，在未知的领域当中，自己了解的所占比例就越小。不能碰的、设定的盒子是一个“神秘的盒子”，神秘的盒子也就是在我们解释宇宙论或知识论的时候，被当作一切起源、一切终结的能源、能量的源头、解释的理由。这是宗教的要件，没有这个东西，我们没有办法谈宗教。

但是在那些求取明牌的人当中，这个部分常常是被忽略的。因为他们认为“我管不着许多事，所以希望有个力量帮我管”，这个力量寄托在一个土地公的身上，放在一个十八王公的小狗身上，实际上还是一个假设，就是那种说不出来的东西。成系统的大宗教，一定有个核心，不管怎么解释它，怎么从它的理论中理出头绪来，都各有其整理、解释的方法，最后一定有个终极的问题是不许问或是问不出来的。这就像我们做几何题目，千变万化，可以做无数的题目，有些公理还是不许问的，例如：点不占空间，线不占空间。这些不许问，因为是公理，是设定的。道就是设定的。

仪式

任何宗教都有仪式。祭拜是仪式，妈祖出巡是仪式，每七天上一次教堂是仪式，用手势画个十字架是仪式……但仪式可分为两类：其一是巫术性的仪式；其二是行为规范。巫术性的仪式用来和不可知的力量交往，但并不知道这有没有用，就好比科学里也有许多动作，我们以为是必然要做的，其实不见得有用。许多宗教的仪式都是这样的，例如摆神位、点香之类。可是这一部分，慢慢会演化为下一部分，就是人与人之间来往的约束，是人规范自己内心的一种规律，这样的力量就比第一种来得强。因为第一种力量是一种随机的祷告，第二种规范约束的力量使人们把自己放在自认为是正道的位置上，离开那里，道就离开了自己。因此，第二种力量就成为规范行为的礼和义了。

在中文里，孔子讲的礼，是礼义的礼；民间讲的礼，是仪式的礼。英文里也是如此，“right and rite”，“rite”讲的是仪式，“right”讲的是对或错，讲的是规范。对和错的规范，一翻译过来，就变成权利。而礼（）是什么样的字根呢？在甲骨文中，这个字根可能是一种玉，奉献给神的玉，下面则是一个台子，撑着台子的是一个架子，一开始是敬奉供品用的。

教化的功能

宗教到最后有套戒律出来，这套戒律使得人们平常所作所为都要符合要求，例如：过午不食，不许说谎话，基督教里的“十诫”，佛教的不出恶言、不说谎话、不偷、不盗。这些都是社会学上规范行为所用的。一个有系统的宗教一定会有这些东西。甚至求取明牌等也会为了达成什么愿望，几天之内不许吃荤、守戒等，这也是有一定的约束力的，但不是宗教方面的戒律，这只是正式宗教延伸出去被信徒所接受的东西而已。

组织与专业人员

专业人员在基督教就是神职人员，在伊斯兰教就是教士，在佛教就是比丘，在道教就是道士。儒家也未尝没有，就像一些士大夫、读书人等。我们晓得“士”是贵族阶层最底层的人士，但到了儒家，这时候已经没有贵族阶级的意思。士有给自己的一种戒律，例如“富贵不能淫，贫贱不能移，威武不能屈”。任重而道远，要有这些修养才能成为士。

郭店文书中的儒家信仰

接下来，我们解释“儒家算不算宗教”。儒家没有神，但一样留下一个“盒子”不敢去碰触，他们称之为“道”。孔子说：“朝闻道，夕死可矣。”不敢去碰触，但知道在那里，对它怀有很高的敬意，早上知道什么是道，晚上死掉也可以。道是我们追求的目标，是我们死守一生原则的最后权威。这个其实就是超越生命智慧的力量，道是不是神，关系不大。早期佛教没有佛像，也没有菩萨，基督教《新约》里的logos也只是一个理念而已，不是神格。中国的道就是logos，不需要神。

天性与修养

1993年，有一批竹简在湖北荆门郭店一号墓出土，葬在墓中的是楚国王室子弟的一个家庭教师，地位不算低也不算高，并不是一般以为的国师。这一大堆简册的年代不会晚于公元前300年，内容正好补足了儒家系统里子思到孟子中间的那段空缺。

子思是孔子的孙子，他的门生又教了孟子，子思、孟子这个学派被称为“思孟学派”，跟荀子的那个学派有很大不同。但从孔子到孟子进展得很快，孔子不敢言天和命，不敢去碰道，但是孟子却处处去碰这些问题，这是怎么转变过来的呢？恰好就在郭店出土的这批竹简中找到了资料，从这里我们找到了孟子关注天、命、道、性问题的原因。

在出土的资料中，《性自命出》一篇这么说：“凡人虽有性，心无定志，待物而后作，待悦而后行，待习而后定。喜怒哀乐之气，性也。及其见于外，则物取之也。性自命出，命自天降。道始于情，情生于性。”

凡人都有“性”，这些性是与生俱来的，是生而有之的特性。人生下来都有共同的人性。但心没有一个确定的地方，要有特定的环境来带领它、刺激它，心才活泼，有时候还要有所喜欢、有所不喜欢，心才有它的方向，等到习惯了，心才定下来，人也才知道心在哪里。而喜怒哀乐之情是天生的，形之于外要靠心的运作才能达成。性是人生下来跟着人的生命在一起的，命则是天给的。

“命”就是“令”，傅斯年先生就是这么说的：“命”是一个吩咐、一个指令，“天”就是一个最后的力量，是一个大宇宙的代名而已，不过这个代名是有性格的、有意志的，所以“天”给你天命。奉天承运，天命所归，每个人都承受一个命，这个“命”是“天”给的一个吩咐、一个指令，就是生命、使命，是每个人都要去活的。

这可以帮助我们理解《中庸》讲的话：“天命之谓性，率性之谓道，修道之谓教。”我们有“性”，但这个“性”不单单是命，是由天而来的，跟我们承受的使命、目的、任务是有关系的。从每个人共有的性衍生出来的就是“道”，顺着这个天性走的路、得出的道理，以及得出的不可知的大原则就是“道”；根据这个不可违背的道去修养自己的德行，这就是“教”。

如果没有郭店竹简里“性自命出，命自天降”这八个字，我们就不容易理解《中庸》的意思。而“道始于情，情生于性”这八个字，给《中庸》的一句话填了很大的缺洞。这句话的意思是说，一个人要有人性，人性里面有人情，这个人情就是喜怒哀乐。“始者近情”，开始是共通的天性，人的本性；“终者近义”，到了最后完成的时候，要用礼来约束它，这就是“义”了。“知情者，能出之；知义者，能入之”，一个人懂得什么是喜怒哀乐的情感，就可以表达，但一定要以义来规范。

心的方向

“道”到底是什么呢？“道者，群物之道”，人间、天地之间的一切万物，都统摄在这个共同的原则之内，这就是“群物”，就是“道”。

“凡道心述为主”，述、术，原义是十字路口，里面外面都是十字路口；“道四述也”即道有四个方向；“唯人道之可道也”，只有人性要走的道路，是你正要走的路；“其三述者，导之而已”，另外三条道路，只是指出你要走的方向。也就是说，只有一个是你要去的方向，其他三个方向都只是确定你要走的那条路而已。而要走的这个方向是以心为指标的，所以，心放在性和情的中间，作为行动的决定者，或者是指挥者。“心述”就是心所指的方向，不是权术的意思。走的方向对，就是心术正；走的方向不对，就是心术不正。

而“人道之可道”的“道”，等于“礼作于情，或兴之也。当事因方而制之，其先后之舍则义道也，或舍为之节则取也”。“礼”是跟着情而发展的，依据不同的情况、不同的条件而有所不同，另外还要加上自制。

“先后之舍”，前面跟后面你选择哪一个，是根据

“义”这个字来的，什么是对，什么是错，在取舍之间；“节”就是尺度，是衡量的标准，也就是“礼”。

此外，“仁，性之方也”，仁，就是人的本性，是人最根本的部分，以人的本性，从最深处延伸出这个道理，这就是仁的道理。“知，性之方也”，想要做的事情，是性的根本，情是见于“性”的，性和情相连，而“情出于性”。这么一来，情还是朝着本性来的。

一切从“心”而来

郭店文书常用的一些字眼，通通以“心”做底，以“心”为部首，且大多是形声字。为什么这样呢？原因就是“仁，性之方也”。“凡道心述为主”，人一切的原动力与指挥部就是心，所以人所做的事情、所遵守的原则、所遵守的道德规范，都以心为部首表达出来，这不是偶然的别字，而是有特别用意的。而且不是只有郭店这个地方有特别的用法，河北平山出土了四件铜器，是古代的中山国所有，时间上比郭店竹简早一百年，而两地相距也远，但是铭文里有很多字，也都是以“心”为部首。这一套系统都是有意识地这么做的，目的是表达以“心”为主的一套解释。

“德”这个字，从“心”，从“升”，心占了最大的部分（见《说文解字》）。德，是你所见别人表现出来的，或者是别人所见你表现出来的，基本上是属于社会性的，但是它要用心来决定；“仁”这个字，“二”的部分就是重叠的意思，所以就是“人人”的关系，强调的是人类社会关系。人与人的关系，只靠行为交往还是流于表面，要用心理解他人和这个世界，内化为自己的“德性”才算到位，这是内在的、根本的。

“仁”这个字，只有孔子以后才被当作人的本性来解释；“身”在春秋时代可以解释为“我”，是主格，不做宾格，也不做所有格，肯定人作为人的一种主体性，这种主体性以心作为主体，有它的理念在里面。

“义”（義），如果把上面的“羊”端走，就变成了“我”，我即我心。义本来是干戈，是武器，一个人背着武器，岂不是杀伐之气很重，一点仁爱的气象都没有？加“人”变成“仪”（儀），是祭祀用的，上面一所房子，下面一块肉，也是宗教的一个东西，也就是什么是恰当的献给神的东西，用一块肉是恰当的。“义”，因为恰当、合理才转到理。义理，后来怎会转成“义与不义”呢？这就是从“我心”来解释，在春秋时代，“我”是所有格，不是主格，拿拥有的心来主宰，就是“义”。也就是拿你所有的物资、所有的一切，形成个人性格的部分，就是“义”。

墨子是从儒家反出去的，其理论是“无我”。《墨子》里的“义”是这么写的：上面一个“弗”，就是“不要”的意思，下面一个“我”，就是“无我”。它表示没有我的东西，我不要拿自己所有的权来牵绊我，所以墨子讲无我，讲兼爱。《墨子》里“义”的写法，才符合“selfishless（无私的）”的意思，才是真正的“义”。可是儒家的“义”是“我心”的意思，是“control yourself（自控）”，掌握自己，要靠礼来实现。

《说文解字》古字里的“爱”字字形为，右上是“炁”字头，这个“炁”其实是个人仰面朝天吐气的意思，嘴张得很大，很像打哈欠的样子，不是今天这个“无”字。今天变成这个样子，读道教经典的人都知道，就是“气”，在道教的经典上面，“气”是写成这个样子的。在郭店文书里，这个字写成了“心”，不是无心为之爱，是仰望的意思。“爱”这个字是两个手将心交出去，是交心的意思。不过这里是仰望的意思。

由此可以知道，一个是不可知的天道，一个是人生下来就有但是“病”了的心，这个心是你的七情六欲，是人所有规范的来源，所以天道与人心在这种情况之下是相通相连的，天道就在人心。

中国儒家的信仰是，天给人一个使命，人到地上来，是要好好做一个人；人出生在这个世界上，会拥有能力、接受教育、拥有机会，从而可以好好做事。人的心要定，要受一些规范约束，要自己约束自己，如何规范约束呢？要由你自己的心来决定。

儒家与基督教的“爱”

最后，我们再拿基督教系统来比较一下。

今天大家在英文《圣经》上会看到很多“love”，中文翻译的时候通通叫爱，但是在希腊文的《圣经》里，有四个不一样的希腊原文，在英文都译为“love”。这四个词分别是：

“philosophy”[①]，这一层面的爱是很亲密、想接近的意

① 哲学（philosophy）一词源于希腊语philosophia，其中sophia是名词，指智慧，philein是动词，指爱和追求，此词意为“爱智慧”。——编者注

思，另外一个意思就是兄弟之情，或者是亲子之情，总之是一种亲密的感觉。

“eros”，情欲，男女之情，或者是同性恋人之间的感情，总之就是情感之情，在英文上最好的翻译是“lust”。“欲”不仅可以是男女之情或爱人之情，对一个东西的热爱，譬如物理学家对物理的热爱、凡·高对艺术的热爱、我们一般人对生命的热爱，也是“lust”。

“abbydomia”，指动物性的情感、欲念。

“ogape”，是无私的爱，是《新约》里常常强调的。

我们之前讲到的儒家的“心述”，相当于这四种爱里的最后一个层面。我们要超越前几个不同的阶段，最后通到“无私的爱”。但是基督教无私的爱是上帝给的，是上帝跟人的关系，是thou（你）和me（我）的关系。因为上帝无私的爱，我们才彼此相爱，这种爱是模仿的爱。中国的爱不一样，“仁”是彼此的，人们共同在人性之内成长、锻炼、有所成就，因为这是大家共有的，所以才会将心比心，这种爱是终生不舍的。

《孟子·万章上》中的“莫之为而为者，天也”，没有人创造它，但它创造一切，这是天；“莫之致而至者，命也”，你没有要它来，但它自己到来，这是给你的天命。天与命都有了以后，才有人心，人都有做人的原则，这些原则延伸出义、延伸出礼。而心呢？“知其性也”，尽心就是知性。了解了人性、本性，才能了解心在哪里、什么叫作心，而知其性之后，就能知道天命了，所以天道和人心是连接在一起的。同样，“礼义也者，人之大端也”，“养生送死事鬼神之大端也”，养生送死事鬼神是礼的第一部分，达天道顺人情是礼的第二部分，而第二部分是靠心来规划的。

“礼者，因人之情而为之节文，以为民坊者也。”礼是因为人有情而规划出来的。节，约束、节制；坊，圈起来，就是一个框框。以上先贤的话连在一起，就成了我今天想要讲的话：天道跟人心是相通的，而天道就在人心，人心也要靠天道；天道虽然不可知，但我们从那里来，所以不能违背它。

第九章

历史——人性的终极关怀

历史的价值不在于它是镜子，而在于它是可以参详的经验。什么叫历史？历史就是过去，过去所走过的路，过去所发生的事。历史就是记忆，记忆之中，你知道从哪里来，也才知道往哪里去。

关于历史的功用

问：人们说历史是一面镜子，以史为镜，但又说历史教训就是没有得到教训。请问到底如何才能以史为思，记取教训，在人生、工作、人际、家庭社会责任上有所依循、借鉴或改革？

答：历史的价值不在于它是镜子，而在于它是可以参详的经验。什么叫历史？历史就是过去，过去所走过的路，过去所发生的事。有人丧失了记忆，连太太都不认识，这样一个人，你把他摆在哪里，他都不知从何来、往何去，不晓得该如何选择。历史就是记忆，记忆之中，你知道从哪里来，也才知道往哪里去。因此，当你知道往哪里去的时候，才有所选择，才知道这条路是对还是错，选择对、错也是要依据过去的经验去寻找。我们从没有知识的小孩到成人，做任何事都是在累积经验，所以历史是我们集体的经验与记忆。

严格讲起来，人类发生的所有事情，都是我们共同的记忆，人类社会应当是不分的，而我们遭遇到的问题，在不同的时空里也可能会碰到，所以人类共同的记忆应当是一体的。但是自古以来，人有分群，一直到现在我们才说全球化。而全球化走到哪天，说不定又分群了，每一群又各有各的集体记忆。这个集体记忆就造成国家，造成民族，造成群体，造成家庭，从小群体到大群体，都是由共同的集体记忆形成的。这种集体记忆，与刚刚所讲的全人类的大集体记忆或是个人记忆都不一样。

集体记忆无疑是在特定的社会空间里，有它的过去，决定它的方向，这个常常会有偏差，因为为了维护这个集体的存在，维护这个共存体的长久认同，它可以抹杀其他的记忆。非常不幸的是，人类到现在为止，历史只有国别史，所以历史造成的灾害往往多于造成的福祉，灾害常常就是抹杀别人的记忆，改变别人的记忆。第二次世界大战之中，日本人明明屠杀过很多人，但偏说没有。他们明明打到东南亚，打到南洋，军夫一个个陪着他们死，还说为了东南亚共存共荣才去打的。这都是在抹杀别人的记忆，只强调自己的记忆，跟我讲的人类共同记忆不一样。

大而言之，我们知道过去走过的路，就可以在未来做选择时有所参考。譬如说我们明白有许多不必要的战争，就晓得未来战争逼来的时候，怎么选择才能避免战争。

从小的事情来说，每个人都可以汲取一些历史上曾经发生的事情的经验。我曾为洪建全教育文化基金会写过一本书叫《从历史看组织》，当初并不是写给公司企业做教科书，但许多公司企业却都拿那本书在读。我只是拿中国过去采用的许多管理制度，比较其好坏，并追溯其成功和失败的原因。尽管我追溯的大多是失败的原因，但这些制度从初创到衰老再到崩溃的过程，却和许多人的人生经历是一样的，对许多公司也都有用处。

因为人类能够设计出来的管理制度就是这么几套，摊开来说，我是拿着共同的记忆，归纳出若干原则，尽管时空可以改变，但通过这些公式，还是可以指出一定会面临的危机。

这样的情况就不是从镜子里看，而是通过经验重建、经验归纳、经验分析，使得时空的特殊性逐渐减少，而共通性逐渐增加，这就是历史的“无用之大用”。

所以“以史为鉴”，我认为就是由一些经过专业训练的人慢慢把人类的经验理出头绪，排除时空的特殊点，进而归纳出人类共通的结论，这样的历史就是有用的。超越文化条件，超越时间条件，超越空间条件，这是历史的上乘工作。司马迁说，“究天人之际，通古今之变”，就是这个境界；斯宾格勒所谓生老病死，也不过就是这个境界；马克思跟恩格斯的唯物史观，也就是这个境界。

历史的借镜就是你能从经验里汲取一些可以突破自己局限的东西，让自己看事情看得明白，这就是智慧了。历史是经验，经验是知识，从知识之中抽离出来的东西变成了智慧，这就是有用的东西了。智慧有深有浅，有高有低，就看个人的经验、造化和愿心了，愿心是很重要的。

历史是人类创造的，每一件史实都有一群人在内活动，那群人就像我一样，他的弱点就是我可能存在的弱点，他坚持的东西很有可能也是我要坚持的东西。譬如说，他坚持一种爱情，跟我坚持的爱情一样，他坚持对别人的好意，跟我坚持的好意一样。他的错误愚昧，可能也是我的愚昧；他的贪心，可能也是我的贪心。我从历史上看一个人，就等于看自己，看自己丑陋的一面，也看自己善良的一面。

这就是以人为镜，而不是《资治通鉴》中提到的做法。

《资治通鉴》是告诉人们要做好人，而我是要告诉你怎样做个人，前面种种的人每一个都有他的可爱之处和可憎之处，无论可爱可憎，反映的都是我自己。

问：历史上这么多帝王开创朝代，现代创业的企业主可从中得到什么启示呢？

答：得民心。得民心第一是不要杀，第二是要宽仁，第三是要懂得建立制度，要懂得用专家，让他们帮你在最合理的情况下建立制度。不能以自己想到的一个小群体的利益为限，否则帝国建不起来。本书中讲的四位开国君主，都用一些治国的专家，建立了制度。中国的读书人学的都是管理国家的学问，不像我们学历史的只会在课堂讲讲而已。每一个得胜的君主，都将这些读书人动员起来，将其纳入建国的序列。

简而言之，第一，得民心，就拥有了群众基础；第二，有理性的工作班底，制定一套理性的制度，让国家上轨道。这两个条件最要紧，做得越好，国家维持的时间越长久。不过，没有一个朝代不亡的，亡又是另外一回事，就是中途腐败，衰老了。我常讲，成功只有一个机会，失败却有上千个机会。许多偶然因素和非偶然因素加起来，只有一个机会，让这些因素刚好可以成功，而上千个因素中一个因素有个缺口就会导致失败，就像是长筒丝袜一样，一走线就全部坏了。

问：历代有所谓盛世，不过在改革者眼中看到的却是乱世，但这些改革者真正掌权后也不见得能扭转时局。这些改革者是否只是书生论政，眼高手低？

答：究竟什么叫盛世？盛世通常是一个朝代建立后的第二代、第三代。新朝代的建立必定经过大乱，所以人心希望安定，这安定的生活就叫盛世。衣食不缺，没有恐惧，政府税收过得去，官吏也不怎么贪污，我认为这就是盛世。套句话说，就是“饥则以为食，渴则以为饮”。大乱之后，一段升平的盛世，其意义应该是相对的，但也有个条件：引领新朝代出现的这批人起于民间，必然是没有包袱的，没有上面欠下来的情，没有利益牵涉在里头。此外，他们也急于建立稳固的基础，而起来的过程常常在民间，所以这些人当政之后，知道民间需要什么，他们会给老百姓一段安定的岁月，这就是盛世。

他们的成功，也表示这批人很有本事，因为他们打败了敌人，所以他们往往能力强、办事效率高，而且能干，此外，贪污可能也少一点，因为要给民众安定的生活。就在这样的状况下，经济会逐渐恢复，加上对外对内的战争都暂时平息，国力渐上轨道。这也就是我为什么讲改革者而不讲开创者，因为开创者是从零开始，改革者则有一大堆负担，改革很难，改革者十有八九是失败的，他们背负的包袱太重。

换个角度想，如果从零开始就没有包袱了，所以盛世才会都出现在开创者的手上，到改革者的时候已经开始出现问题了。为什么会有这种改革者呢？包袱重到一定的程度、错误累积到一定的地步，就到了非改革不可的时候，这时就会有人站出来说："我要改！"但这往往只是少数的有志之士在做。

然而，有志之士要对抗一个庞大的机构，这个庞大机构一定会反扑，因为改革都会伤害到他们长期的利益，包括身家性命与荣华富贵。反扑的结果就是改革者失败，但如果革命，就没有这些顾虑。但从零开始一定是好的吗？英文里有这么一句话，大意是说：倒了一盆洗澡水，连孩子一起倒掉，在中文里就叫"玉石俱焚"。所以最好在从零开始之后有一段安定岁月。不过那段安定岁月里的东西是不是一定好呢？恐怕也不见得。等到第一代最能干的人不在了，接下来一代一代每况愈下，就会让整个结构变得臃肿、瘫痪，问题也就层出不穷。

事实上，没有一个管理制度是完美的，国家也罢，公司也罢，都是一样的。于是改革者就面临这样的状况，他该怎么办？理想的情况是他会经常去调整与维修，就像我们开的车子过了一段时间总要加油修整一样。维修比改革好，经常维修会和不维修差别很大。一个好的维修者会发现松动的螺丝，只要扭紧那个螺丝就行了，这样就不会发展到难以收拾、重新翻修的地步。

一般来说，唐代贞观、开元年间因为国家安定，聚集的资源不会被浪费，收集与动员的人力物力资源，都足够用来抵抗边疆的外患。唐朝开始的时候，跟突厥比，唐朝是弱的，突厥是强的；等到唐朝人力物力得以聚集的时候，突厥就显得弱了，唐朝就强了。如此一来，外患没有，内乱逐渐减少，大家都一直过着好日子，享福的不只唐明皇一人而已，全国的老百姓也都在享福。这种情形一直到天宝年间才崩坏。天宝年间会崩坏，是因为一百多年的制度没再改进，这就像我们台湾地区一样，享福已经享很久了，二十年的经济繁荣，大家身在其中，没有感觉啊！在20世纪80年代，那十年大家日子过得好。现在也还不算穷透。

盛世是相对的观念，在乱世之后，有安定的岁月就是幸福。开始的时候，是觉得前途无量的。所以盛世并不是历史学制造的名词，它反映了老百姓当时的愿望与想法，有一定的客观条件。

问：满族人入主中原后，皆被汉同化，其中缘由是什么？

答：主要的原因在于他们入主中原时人口太少，驻防的军队分散出去，四周都是汉人，因此满人只好被同化。另外，满人没有自己的意识形态，他们接受的藏传佛教，仪式多于教义，因此无法真正满足意识形态的需求。而儒家是没有偏见的意识形态系统，任何人都可以接受，因此满人接受儒家是很自然的事情。再加上管理中国需要借用明朝留下的政府结构，以及文官制度里所用的儒家知识分子，以至其管理完全和明朝一样，用儒家的理念，借由考试制度，选拔能干的人在政府里服务。这让文官制度的力量慢慢冲淡了王室的特色。但不要忘记，清朝皇帝专政比中国任何朝代的专政都要强烈，君臣之间等级的差别相当悬殊，这是清朝政府在中国历史上留下来的不好影响，读书人在政府的威权之下无法实现理想。

问：一个朝代往往因为政治腐败而灭亡，但在腐败的最后关口，旧的朝代为什么不是一推就倒，而是需要革命者很辛苦地去推翻？

答：中国很大，在没有电报或电脑的时代，单单传一个消息就要很久。举个例子，当李自成打到北京，皇帝崇祯已经上吊，但过了八年，云南的土司还在用崇祯的年号，因为他不知道发生了什么事情。所以一个大的身体，要它基本上有效率，必须要有惯性运作，这个惯性运作可以没有中央，自己去管。一个制度只要本身有一定效用，就算没有头也会动的。

古代的中国因为太大，传一个消息要很久，所以虽然拉下一个朝代很快，但是群雄竞逐，建立新秩序的过程很慢。所以不是亡国亡得慢，而是新朝建立起来慢。秦朝子婴投降了以后，扰扰攘攘过了四年汉朝才建立。元朝亡了，中国群雄并起，扰扰攘攘也持续了十几年。清朝亡了以后，北洋军阀也搞得一塌糊涂。

问：请问全盘西化至今之影响如何？

答：我想现在听我讲课的人已经不分中式西式的衣服了，跟大家都吃中国菜、西餐一样。我们的商业是市场经济体制下的公司体制或组织，我们的生产技术，有不少是来自西方的科技。

未来，我们要思考的是，西方的路线，经济、政治、生产制度虽是目前西方的主流，但也有穷尽的一天，有些困难已经存在，转化也在所难免，未来要如何转化，转化的过程中，东方累积的经验，对全球文化的构成有一定的意义，东方文化的成分、一些做法，如何融入今日的西方主流文化，是一个值得我们思考的问题。

问：中国文化在制度现实上，还有多少合宜之处？

答："制度"这两个字很空、很大，世间任何的制度都没有永久存在的，任何朝代的政治组织都在不断改变。中国的朝代从兴盛到衰亡都是同一套政府结构，可是功能完全不一样，而美国建国时所创立的管理制度，从当时到现在也不断在改变，因此，任何文化里面的制度都在不断转变。

中国管理制度虽然有五千年了，但是不断在改变，而孙中山先生所创立的五权宪法，是从中国的底子上采纳了欧美的三权鼎立理念转化而成，有它的优点，但也有其不适应、不恰当的地方。这话说来很长，那么现实上有什么合宜的地方？中国的家庭制度，就已经演变成小家庭，很少有三代同堂的现象，多是小家庭的形式，但是中国的兄弟姊妹间仍经常互相支援。举个例子来说，台湾地区的公司有许多家族型的结构，亲人间也可以互相支援，得到一定的帮助和温暖。这种制度，在欧美的个人主义与福利制度之下是没有的。

问：老师讲，明朝的读书人考试是公平的，这种公平是程序上的公平，但是也有人批八股之过胜于焚书坑儒，对此您怎么看？

答：科举制度内容不好，但程序上公平。内容不好是逐渐演变出来的，八股考试的科目有三项：策论、经义、赋诗。赋诗老实讲是智力测验，用二十个字或二十八个字，和一定的律赋诗，要有内容，又写得漂亮，这是相当不简单的事。策论考的是治理国家的问题，针对当时政治问题加以论说，这是真才实学，要看眼光的。考经义，就是八股，要能够拿若干儒家经典中的东西，说出道理来，而且说得漂漂亮亮，老实讲也是智力测验再加上洗脑。而洗脑洗到最后，脑子就坏掉了，这是八股最大的毛病。到最后变成不需要读经典，只要读制艺（八股文），就是标准答案的样本。学标准答案的做法，就跟我们今日的考试一样。

为什么说这样的考试制度程序上公平呢？因为一路的选拔，都是防作弊防到了极点，所以基本上不太能作弊，而且真正聪明用功的孩子，真能上进，还是能出头的，所以这个程序上的公平是有的。只不过内容方面有不好之处，加上长期洗脑，洗下来的结果是，所有人的想法都是一样的，没有第二种思想，这是极大的错误。

明朝刚刚开始的时候，确实靠着这个制度选了一批人，从上到下治理得相当不错，我时常讲明朝时期城墙盖得好，庙盖得好，就是这个道理，他们做事很认真。这些不是一个小和尚皇帝可以搞出来的，而是很多专家帮皇帝做出来的。

关于人生

问：人觉得自由的时候，为什么常会忽然觉得很空虚，觉得有种想要成就自己，却又不能不忍受孤独的感觉？人生遇到瓶颈，如何承担？为何少年就会对人生有困惑？该如何走出生命中的低潮期？历史可以帮我们什么忙吗？

答：少年时对人生有困惑，我想，我到老年对人生还是有困惑。如何走出生命中的低潮期呢？这个问题不能完全从历史中得到答案，而从人生、从自己的修养，或许可以找到一些解决的途径。我想，我们的困惑应该是一直到死才能丢掉的，因此这个途径并不是永远有效。

有自由但觉得很空虚，觉得很孤独，我想，问题在于身在自由之中的人会有这样的困难：相对另外一边，在非常严格的规律约束之下，你没有自由的时候，会向往自由；当你觉得什么都是有规有矩，知道什么东西摆在哪里的时候，你却会渴望有别的选择自由，所以会有空虚的感觉。

今天的人，已经忘了有另外一种困惑的境界，那困惑的境界是一种拘束、一种窒息。举例来说，多年前，在美国我执教的大学里有位瑞典同事，他学问非常好，是一个讲座教授。谈到瑞典，我就问他，为何会离开瑞典，那个国家那么好，一切井然有序，社会福利使人们不用担心疾病或贫穷。他说，就因为太好了，所以我非离开那里不可。他说，在那儿，眼睛一闭，就知道会埋在什么坟地，上面刻着什么字，睡在谁旁边。从婴儿出生，睡什么样的摇篮，到死时用什么样的棺木都清清楚楚，所有的工作，不论多努力，最后能够自己支配的只有那些。瑞典相当民主，可以自己选择执政政府，是一个非常有规律、有秩序的社会，但是我受不了，我宁可到美国来冒险。在这儿，私底下我讲瑞典话没人听，而你讲中文也没人听，我们用彼此都不熟悉的语言来交谈，我要试探你懂不懂我的意思，你要试探我懂不懂你的意思，因为我们有文化的隔阂。虽然我们两个人都是文化界的世界公民，但仍有文化的隔阂，我愿意品尝这种孤寂之苦，就是因为我受不了规律。

这个故事说明有另一个我们不知道的世界，但这个世界离我们并不远。这个情况就相当于我们在文学上，从有规律的诗破坏规律走到词，从词要破坏规律走到曲，从曲要破坏规律走到现代诗，从现代诗要破坏规律走到没有韵、没有音，甚至没有句子的诗。我们一路都想破坏，到头来，我们看到一连串在别人看来没有意义的文字，只有写作的人自己认为有意义，只有他懂得自己写的诗，这样的诗就失去了交流的意义，失去了共享情感的意义。

我们的生活就是要不断地突破规律寻找自由，而自由到了最后，就是一个人写的诗只剩下自己懂，而且可能只有一时懂，过了两天可能自己也不懂了。人生就是这样，在寻找到自由之后，自己又会加上约束，就像诗突破了变成词，词也自己走出规律来，词突破了成为曲，曲也自己走出曲牌了。自由和规律，秩序和放任，人永远在两个极端之间动荡。

所以，《圣经》说，在伊甸园里，上帝看见人吃智慧果，就是人有了选择权，人有了知识，所以人能选择，不然就是上帝规定人在伊甸园里面过他给的日子。这种规划给人的日子就是蚂蚁、蜜蜂的日子。等到人吃了智慧果，上帝就把人赶出去，赶出规律，要人自己做选择，自己去冒险，要他们额头流汗，才能获得生活的资料。人要自己找到肋骨变成的夏娃，找到自己的另一半。上帝、伊甸园或是吃了智慧果的人，在这之间永远在做选择，永远不满意目前。而我们要有思维上的自由，因为有自由才会有选择。人类共同生活的环境，不知哪天会改变，甚至改变多大我们也永远无法预知，环境改变以后，假如人没有自由就会慌乱，因为不知道怎么办，那个框框没有了，就显得一切的可见性也都没有了，不知所措也就因此而来。

或许有人会说，在框框里还是有自由的啊！但我认为越有规定的地方自由越少。在这种情况下，我宁可永远有自由的思维，永远有许多可能选择的备案，或每个人都自己有另案，这些另案兜在一起就可能找出新的解决方法。那么，自由是保证我们继续存在的基本要件，没有自由，当一切被画好格子，成为一套规矩之后，一旦环境有所改变，全体就将一起瓦解。这是以人的共同存在、群体的共同存在而论的。

就我们人生所面临的困惑来说，究竟是抛开全部过往经历、他人的经验，纯然自己去寻找所想要的，还是说从已有的经验出发，往理想状态中去寻找？这中间会有困惑，因为没有人能给出一定正确的答案——但“困惑”本身就是自由的代价。

你说人生有困惑，而且有低潮期。在你寻找的过程中，确实常常有低潮，因为不知道自己选对路了没有，或者在两者间动荡不知怎么办，也没有可商量与信托的人，觉得彷徨无助。这样的问题是很难解决的。我自己也有低潮期，我到老年了也还有困惑。我只能告诉你，人和人要彼此相信，永远要以善意、诚心寻找一些可以和你共同克服困难、分享快乐的人，大家互相规劝互相帮助，也许可以一起走过困惑的低潮期。

善意和诚心是最重要的事情，而且有了善意和诚心，人就可以在别人比自己更困难、更困惑的时候伸出援手：经济上的困难，我们帮他一把；精神上的困难，我们分担一点。我们要伸出自己的手帮别人一把，别人也就会跟我们携手同心了。

这一点绝对不是关门就可以得到的，它需要给予，能给予才能知道分享；接受，只是接受人家所施予的东西。所以，友情并不只是世界上有两个最好的朋友，世界上任何人都能做朋友，甚至自然界的花草树木、飞禽走兽都能做你的朋友，只要情感可以彼此体会，彼此共情也是一种获得交流、获得感应的方法。

困惑的低潮期一定会有的，但是我们要找到可以共同渡过难关的一些人。“相呴以湿，相濡以沫”，这是庄子讲的，枯泉中的鱼都没有水了，每条鱼都吐一点泡沫，要另外的鱼少难过一点。我们在孤寂的世界里面，确实是天枯地竭，就是要靠人与人之间的善意和诚心，得到一点点安慰，得到一点点合作的可能性。

这是生命中无可奈何的事情，因为我们的人性一直在被动拘束与主动自由间动荡，自由久了，我们会想要有秩序。基本上，我们不能侵犯别人的秩序，所以我们的放任、我们的自由也有限度。

自由的对立面是责任，自由和责任摆在一起就像是两只刺猬，离得太近会扎痛，离得太远都会冷。不远不近的距离就是秩序。但秩序应当由我们自己建立，我们要负责任地建立秩序，而不是期待上帝给我们秩序，也不是圣贤或其他人给我们秩序。

我只能说到这一点，我自己一辈子努力要往这方面走，走到我这口气歇了才能停止，这就是至死方休。而且你自己建立的秩序，有你负责任的自由，你必须时时刻刻非常谨慎地维护它、修补它，不可以理所当然地认为就是如此！甚至最亲密的伴侣，也要互相尊重，不可以随意耍赖，或是欺负对方，否则就是侵犯与伤害。人和人之间要保持善心与诚意，这是唯一能使我们从低潮期走出来的办法，这也是中国儒家为什么讲诚与敬的道理。

在善的方面，还有施与受的问题，这两者如何平衡，需要看你自己的敏感程度。如果察觉“施”本身是伤害人的，就要特别小心。例如，我看到乞丐，我给他钱，但乞丐的后面可能有个诈骗集团，他可能会让我觉得爱心受伤。对于这一点，我想，在我力之所及之时，我愿意给他一点点帮助。付出金钱的事尚小，很多时候付出感情却让自己受伤比较严重。如果敏感度不够，也可能会伤人。以为给别人就是善的，但此时别人却也可能以为你在干预他，把握好这个尺度需要一点智慧。儒家有句话，“己所不欲，勿施于人”，一个“不”，一个“勿”，这是两重锁，我绝对尊重别人，别人不要的，我绝不给人家，我不施暴于人，不施恶于人。另外还有一个说法是“爱人如己”，这句话就没有锁，自己假想自己如何，就照自己的意思去做，但对于别人可能就成为困扰。因此，双重锁比没有锁好太多了。同样给一个乞丐钱，如果粗暴地丢给他，他反而会恨你瞧不起他；如果你很真诚地给他，帮他买点食物，他的感觉就不一样了。